LA LOI *de* L'ATTRACTION

Sachez attirer ce que vous voulez plutôt que ce que vous ne voulez pas

MICHAEL J. LOSIER

LA LOI *de* L'ATTRACTION

Sachez attirer ce que vous voulez plutôt que ce que vous ne voulez pas

Traduit de l'anglais (Canada) par Geneviève Le Cam

Viamédias

Remerciements de l'éditeur

Notre gratitude à Formation Akadêmis Inc.
qui a facilité la publication
de cet ouvrage en français.

Titre original : THE LAW of ATTRACTION

Adaptation et mise en page Cyril Campo
Illustration couverture : Steve Flora et Cathie Hanhel

Nouvelle édition en français

SANAGA - BP 320 - 89005 AUXERRE Cedex
Tél : 03 86 98 22 15 - Fax : 03 86 98 22 17
Courriel : viamedias@neuf.fr
ISBN 978-2-35666-000-8

Préface

Depuis maintenant quarante ans je suis un participant assidu de toutes sortes de formations et d'ateliers de croissance personnelle où sont données toutes sortes de recettes et de formules pour atteindre le succès, la liberté, la santé… Mais d'une formation à l'autre, je cherchais le lien, le secret…

Ce livre et les ateliers de Michael Losier furent le lien manquant. Enfin une vraie recette en trois étapes simples, faciles à suivre. Ajoutez-y la discipline et voilà les résultats sont là.

Depuis que j'anime ces ateliers de formation en français, les témoignages de réussite en 3 ou 4 semaines s'accumulent autant pour attirer le conjoint idéal, l'emploi idéal que les placements idéaux, les associés idéaux, etc..

Merci Michael pour cette avancée.

Claude Provost
Conférencier, formateur et coach de ***la Loi de l'Attraction***

Commentaires à propos de ce livre

« Le message de Michael Losier va changer votre perception de vous-même et des autres. Je pense que La Loi de l'Attraction est un livre qui inspire et qui guérit. »

Ethelle G. Lord, Éditions M., CCG (Groupe Canadien de Communication)
Teamwork Development Associates
(Membres Associés du développement par le travail d'équipe)
www.teamworkcoaching.com

« Michael Losier a le don de distiller des principes abstraits en résultats qui marchent. La Loi de l'Attraction est facile à lire, facile à appliquer ; de plus, elle fonctionne vraiment ! »

Mary Marcdante, porte-parole
Auteur de « My Mother, My Friend » (« Ma mère, mon amie »)
www.marymarcdante.com

« Si vous voulez vraiment comprendre pourquoi votre vie est comme elle est et si vous souhaitez vraiment savoir comment la changer, en voici le mode d'emploi dans un langage on ne peut plus clair. »

Mark Foster, Wigan GB

« J'ai lu d'autres livres sur la Loi de l'Attraction, mais quelque chose semblait manquer. Losier fournit la pièce manquante grâce à ses fiches de travail sur la Clarification par le Contraste et sa Déclaration de Désir. »

Janet Boyer, Éditeur New Age
www. NewAgeBellaOnline.com

« Quel livre remarquable ! La formule simple et courte de Michael pour attirer tout ce que votre cœur désire fonctionnera merveilleusement pour celui ou celle qui la suivra. Je vous conseille vivement d'appliquer ses principes dans votre vie pour obtenir un méga succès ! »

Zev Saftlas, Auteur de « Motivation That Works »
(« La motivation qui fonctionne »)
Fondateur du site www. EmpoweringMessages.com

« Ce livre conforte la thèse que la simplicité est le meilleur des concepts. Concis et simple, l'auteur expose bien les grandes lignes des principes sous-jacents à la Loi de l'Attraction. Il donne également des exercices pratiques pour aider le lecteur à les utiliser. »

Antigone W., Lecteur d'Amazon.com

« Vous avez peut-être entendu parler de la Loi de l'Attraction et déjà lu à ce sujet. Michael propose une compréhension de la Loi de l'Attraction qu'il présente simplement et clairement de façon à ce qu'elle s'adresse à tout le monde et que tous puissent la comprendre, du lecteur averti au non-initié. Une lecture facile et exquise ! »

Eva Gregory, Lectrice d'Amazon.com
Auteur de « The Feel Good Guide to Prosperity »
(« Le Guide du Bien-être pour la Prospérité »)

« Vraiment par hasard, j'ai eu l'extrême chance de voir Michael Losier présenter son séminaire sur la Loi de l'Attraction. Michael est un orateur amusant, dynamique et franc. Ses enseignements ont changé ma vie. En tant que personne optimiste et positive, j'ai été extrêmement surpris d'apprendre combien, par

mon bavardage intérieur quotidien, je pouvais effectivement saboter mes efforts pour attirer le type de relations et les choses que je souhaitais dans ma vie (j'avais déjà lu des centaines d'autres livres sur le développement personnel écrits par les meilleurs gourous du moment). La méthode de Michael Losier est bien plus que des affirmations positives ou de doux mantras pour adeptes du New Age. Ses données sont pratiques et faciles à apprendre et bien que d'apparence simple, elles sont extrêmement puissantes. Le livre La Loi de l'Attraction est de grande valeur et je le conseille vivement à toute personne intéressée par une meilleure qualité de vie. »

John Goudie, Conseiller en responsabilité jeunesse

« Parmi tous les livres, cassettes et autres documentations que je me suis procuré pour « se créer une vie de rêve », la Loi de l'Attraction de Michael Losier reste le meilleur ouvrage qui traite le sujet de façon extrêmement pratique et détaillée. Point. Losier ne vous enseigne PAS dans ce livre à devenir quelqu'un qui "attire" des résultats ; vous le faites déjà. Au contraire, il vous apprend, dans un langage simple, sans jargon bizarre, à devenir un attracteur délibéré et à commencer d'attirer consciemment les choses que vous attendez de la vie plutôt que celles que vous ne désirez pas. Je vous recommande très vivement ce livre. Si je ne pouvais en avoir un autre exemplaire, je ne céderais pas le mien pour 1000 euros. »

Tony Rush, Conseiller en développement personnel, Alabama

Un bref historique de la Loi de l'Attraction

Alors que certains d'entre vous ont déjà entendu parler de la Loi de l'Attraction de sources variées, d'autres commencent seulement de la découvrir.
Depuis le début des temps modernes, notamment dans les années 1900, on a beaucoup écrit sur la Loi de l'Attraction. En voici un bref historique :

1906 - William Walter Atkinson
Thought Vibration or the Law of Attraction in the Thought World
(« Vibration de la Pensée ou la Loi de l'Attraction dans le Monde de la Pensée »)

1926 – Ernest Holmes
Basic Ideas of Science of Mind
(« Fondement de la Science de l'Esprit »)

1949 – Dr. Raymond Holliwell
Working with the Law
(« Travailler avec la Loi »)

Au début des années 90, les informations et les enseignements sur la Loi de l'Attraction devinrent largement disponibles grâce aux publications de Jerry et Esther Hicks. (Voir leur site Internet pour toute l'actualité de leurs enseignements et publications – www.abraham-hicks.com.) C'est grâce à leurs enseignements que je l'ai vraiment « pigée ».

Depuis l'an 2000, de nombreux articles et livres témoignent de la Loi de l'Attraction. Cette notion a séduit un large public. Avec l'accroissement continu de l'intérêt massif pour son message, l'avenir verra beaucoup plus d'auteurs et d'enseignants écrire à son sujet.

Qu'est-ce qui rend ce livre différent ?

En 1995, j'ai étudié la Programmation neuro-linguistique (PNL) pour comprendre le fonctionnement de notre esprit et de nos pensées. Cela m'a éclairé sur la manière dont les gens apprennent. Vous constaterez en lisant ce livre qu'il s'adapte à tous les styles de lecture, notamment au vôtre. Ce livre est écrit de telle façon que chaque section ajoute à la précédente. De plus, comme dans tout manuel de formation, vous pouvez utiliser les outils, exercices et scénarios pour rester connecté à la Loi de l'Attraction.

Bien des livres que j'ai étudiés offraient une large part à l'approche théorique du sujet. Mais je ne pouvais trouver nulle part la réponse à ma question : « Comment s'y prendre véritablement ? ». Grâce à mes connaissances acquises en Programmation Neurolinguistique et à mes techniques d'enseignement utilisant différents styles d'apprentissage, j'ai créé un livre PRATIQUE, facile à suivre pour les étudiants de la Loi de l'Attraction. À l'aide des outils et des exercices donnés, vous apprendrez rapidement et ainsi commencerez à mettre cette Loi de l'Attraction en application dans votre propre vie.

Le compliment le plus fréquent et le plus satisfaisant que l'on me fait sur mon livre est qu'il est SIMPLE à lire et que les exercices en sont faciles. Ce livre a été adopté par une multitude de groupes spirituels et religieux différents. En outre, il est devenu une lecture recommandée pour de nombreux groupes de vente, sociétés de commercialisation en réseau, agents immobiliers, conseillers financiers et autres organisations commerciales. En bref, ce livre a un immense succès.

Vous utilisez déjà la Loi de l'Attraction

Avez-vous remarqué que parfois ce dont vous avez besoin vous tombe juste sous la main ou se présente au bon moment par un coup de téléphone imprévu ? Ou vous vous cognez dans la rue à quelqu'un auquel vous étiez justement en train de penser ? Peut-être avez-vous rencontré le client parfait ou votre ami, par pur hasard ou parce que vous étiez au bon endroit au bon moment. Toutes ces expériences prouvent que la Loi de l'Attraction fait partie de votre vie.

Avez-vous entendu parler de ces personnes qui ne connaissent que de mauvaises situations relationnelles et qui se plaignent toujours de n'attirer que ce même genre de relation ? La Loi de l'Attraction s'applique aussi pour elles.

La Loi de l'Attraction peut être définie comme suit : *J'attire dans ma vie toutes les choses auxquelles j'accorde de l'attention, de l'énergie et de l'intérêt, qu'elles soient positives ou négatives.* En lisant ce livre, vous comprendrez pourquoi et comment cela se produit.

Il existe de nombreux mots ou expressions qui témoignent de l'existence de la Loi de l'Attraction. S'il vous est arrivé de les utiliser, vous avez véritablement fait référence à Loi de l'Attraction.

En voici quelques-uns :

- Imprévu
- Par un heureux hasard
- Coïncidence
- Destin
- Karma
- Tombé dessus, au bon moment
- Synchronicité
- Chance
- C'était écrit

Dans ce livre, vous apprendrez pourquoi ces expériences se produisent.

Plus important encore, vous découvrirez comment utiliser plus délibérément la Loi de l'Attraction. Vous serez capable d'attirer tout ce que vous avez besoin de faire, de savoir et d'avoir. Ainsi, vous pourrez obtenir davantage ce que vous souhaitez. Par conséquent, vous aurez un client idéal, un travail idéal, une relation idéale, des vacances idéales, une santé idéale, plus d'argent dans votre vie et tout ce que vous désirez. Vraiment !

La science de la Loi de l'Attraction

La pensée positive a un caractère physiologique qui, par ses effets, crée la Loi de l'Attraction.

Il existe diverses formes d'énergies : atomique, thermale, électromotrice, cinétique et potentielle. On ne peut pas détruire l'énergie.

Vous vous rappellerez peut-être que toute matière est faite d'atomes et que chaque atome possède un noyau (contenant des protons et des neutrons) autour duquel gravitent des électrons.

Les électrons d'un atome gravitent toujours autour du noyau selon une orbite ordonnée ou à des niveaux d'énergie assurant la stabilité de l'atome. Les électrons peuvent être contraints de graviter à une vitesse orbitale « supérieure » suite à un apport d'énergie ou peuvent libérer de l'énergie lorsqu'ils tombent à une vitesse « inférieure ». Lorsqu'il s'agit de « vibrations », si les atomes sont « alignés », ils créent une force motrice, tirant tous dans la même direction, de la même manière que le métal peut être magnétisé en alignant ses molécules dans la même direction. Cette création de pôles positif (+) et négatif (-) est un fait aussi bien naturel que scientifique. Sans le développer ici, nous dirons simplement que la science a démontré qu'il est probable que les lois physiques qui peuvent être observées et mesurées dans un domaine, existent similairement dans d'autres, même si, pour le moment, on n'a pas pu les mesurer.

Ainsi, vous voyez que la Loi de l'Attraction n'est pas la dernière expression à la mode ou la dernière trouvaille magique du New Age. C'est une loi de la nature à laquelle obéit constamment chaque atome de votre être, que vous le sachiez ou non.

---

* Pour les lecteurs qui souhaitent se documenter sur l'interaction entre l'énergie, nos pensées et le monde de la matière qui nous entoure, je recommande le film « QUE SAIT-ON *vraiment* DE LA RÉALITÉ ? » © 2004 Captured Light & Lord of the Wind Films, LLC.
Commande en Europe : www.gproductions.fr/wtb

Références à la Loi de l'Attraction

De nombreux auteurs ont écrit sur la Loi de l'Attraction. Voici quelques extraits tirés de différents ouvrages y faisant diversement référence :

Qui se ressemble, s'assemble.

Jerry et Esther Hicks, *(The Teachings of Abraham ;*
Les Enseignements d'Abraham
Ask and it is given ; Demande et il te sera donné)

Ce que vous irradiez à travers vos pensées, sentiments, images mentales et mots, vous l'attirez dans votre vie.

Catherine Ponder,
Dynamic Law of Prosperity
(La Loi Dynamique de la Prospérité)

Ne pensez jamais à l'avance à une chose que vous ne voulez pas et ne désirez jamais une chose à laquelle vous ne voulez pas vous attendre. Lorsque vous escomptez quelque chose que vous ne souhaitez pas, vous attirez l'indésirable et lorsque vous souhaitez une chose qui n'est pas espérée, vous gaspillez tout simplement une force mentale précieuse. Par contre, lorsque vous attendez constamment ce que vous persistez à désirer, votre capacité à l'attirer devient irrésistible. L'esprit est un aimant qui attire tout ce qui s'inscrit dans l'état de ses préoccupations.

Dr. Raymond Holliwell,
Working with the Law (Travailler avec la Loi)
11 Truth Principles for Successful Living
(11 Principes de Vérité pour Réussir sa Vie)

Chaque pensée se manifeste selon son intensité. La moindre pensée intelligente déclenche une force qui, selon la loi, produit son corollaire.

Ernst Holmes,
Basic Ideas of Science of Mind
(Fondements de la Science de l'Esprit)

Vous êtes un aimant vivant ; vous attirez dans votre vie les personnes, les situations et les circonstances en harmonie avec vos pensées dominantes. Tout ce que votre conscient ressasse, se développe au cours de cette expérience.

Brian Tracy

Définition de la Loi de l'Attraction

J'attire dans ma vie
toutes les choses
auxquelles j'accorde
de l'attention,
de l'énergie
et de l'intérêt,
qu'elles soient
positives ou négatives.

Vibrations Positives et Négatives

On emploie souvent le mot *vibration* pour décrire une humeur ou un sentiment que quelqu'un ou quelque chose nous transmet. Par exemple, vous pouvez dire qu'au contact d'une certaine personne, vous recevez de *bonnes vibrations*, ou encore dire que vous ressentez une *vibration négative* en marchant dans telle partie de la ville ou du voisinage. Dans tous ces cas, le mot vibration est utilisé pour décrire l'humeur ou le sentiment dont vous faites l'expérience. En bref, le mot *vibration* équivaut à une humeur ou un sentiment.

Dans le monde vibratoire, il n'existe que deux sortes de vibrations, positive (+) et négative (-). Chaque humeur ou sentiment vous engage à émettre, envoyer ou offrir une vibration, positive ou négative. Si vous parcouriez le dictionnaire et en releviez tous les mots décrivant un sentiment, vous pourriez les classer dans l'une ou l'autre de ces deux catégories. Chaque mot décrira un sentiment générant une vibration soit positive, soit négative.

Chacun d'entre nous envoie des vibrations positives ou négatives. En fait, nous envoyons toujours une vibration. Pensez à des expressions comme « Il dégage de bonnes vibrations », ou « Ce quartier m'envoie de mauvaises vibrations ».

À la page suivante, vous trouverez des exemples de sentiments qui génèrent des vibrations positives ou négatives.

Vibrations (sentiments)

Déception	Joie
Solitude	Amour
Manque	Enthousiasme
Tristesse	Abondance
Confusion	Fierté
Stress	Bien-être
Colère	Confiance
Douleur	Affection

En chaque instant, vous éprouvez un sentiment, vous êtes d'une certaine humeur. En ce moment même, l'humeur ou le sentiment que vous ressentez, vous fait émettre ou envoyer une vibration positive ou négative.

C'est là qu'intervient la Loi de l'Attraction. Cette Loi (énergie universelle qui vous entoure et qui obéit à la Physique) répond à la vibration que vous offrez. Dès lors, à cet instant précis, elle s'harmonise à votre qualité vibratoire et vous retourne votre vibration avec une charge encore plus positive ou plus négative.

Ainsi, quand on se réveille, le lundi matin, déjà grognon et irrité, on envoie une vibration négative. À cet envoi de vibration négative, la Loi de l'Attraction répond en s'accordant à la vibration émise et retourne la même vibration amplifiée. (La Loi de l'Attraction s'adapte toujours à votre vibration, qu'elle soit positive ou négative).

C'est alors qu'on sort du lit en se cognant les orteils, qu'on brûle ses tartines, qu'on se retrouve dans les embouteillages, qu'un client annule son rendez-vous et qu'on finit par dire « J'aurais mieux fait de rester au lit ! ».

En revanche, que dire du représentant joyeusement stimulé par une énorme vente qu'il vient juste de réaliser et qui envoie par conséquent, une vibration positive ? Peu après, il réalise encore une excellente vente et se surprend alors à dire : « Oui, ça marche pour moi ! ».

Dans ces deux exemples, la Loi de l'Attraction agit, déployant et orchestrant tout ce qui doit arriver pour donner un plus, en positif ou en négatif.

Avec ce livre, vous apprendrez à identifier la vibration que vous envoyez et serez capable de faire des choix conscients selon que vous souhaiterez continuer à envoyer cette vibration ou en changer. Dans la partie de ce livre intitulée « Attraction Délibérée », vous apprendrez ce qu'il faut faire pour envoyer délibérément une vibration différente. Vous apprendrez à devenir un "expéditeur" délibéré de votre vibration afin de modifier les résultats obtenus et recevoir davantage ce que vous souhaitez vraiment, plutôt que ce que vous ne voulez pas.

La Loi de l'Attraction répond à toute vibration positive ou négative que vous émettez, en vous la retournant amplifiée. Elle répond tout simplement à votre vibration.

Attraction non délibérée

Beaucoup de personnes se demandent souvent pourquoi elles attirent toujours les mêmes choses. Elles sont absolument certaines de ne rien envoyer de négatif, et pourtant, dans un domaine particulier de leur vie, elles accumulent les mauvaises expériences. Cela se produit parce qu'elles envoient, sans le vouloir, une vibration négative par la seule observation de ce qui leur arrive sur le moment.

Par exemple, si vous ouvrez votre porte-monnaie et que vous n'y voyez pas d'argent, en constatant ce manque d'argent, vous alimentez sur le moment une vibration de manque, de peur ou une quelque autre vibration négative similaire. Même si vous ne le faites pas intentionnellement, la Loi de l'Attraction répond simplement à votre vibration en la renforçant. Elle ne sait pas ce que vous êtes en train de faire. Que vous soyez en train d'évoquer un souvenir, de simuler, de rêver tout éveillé ou dans le cas présent, simplement d'observer, elle ne sait pas ce qui vous pousse à générer cette vibration négative.

Cycle d'Observation
(Attraction non délibérée)

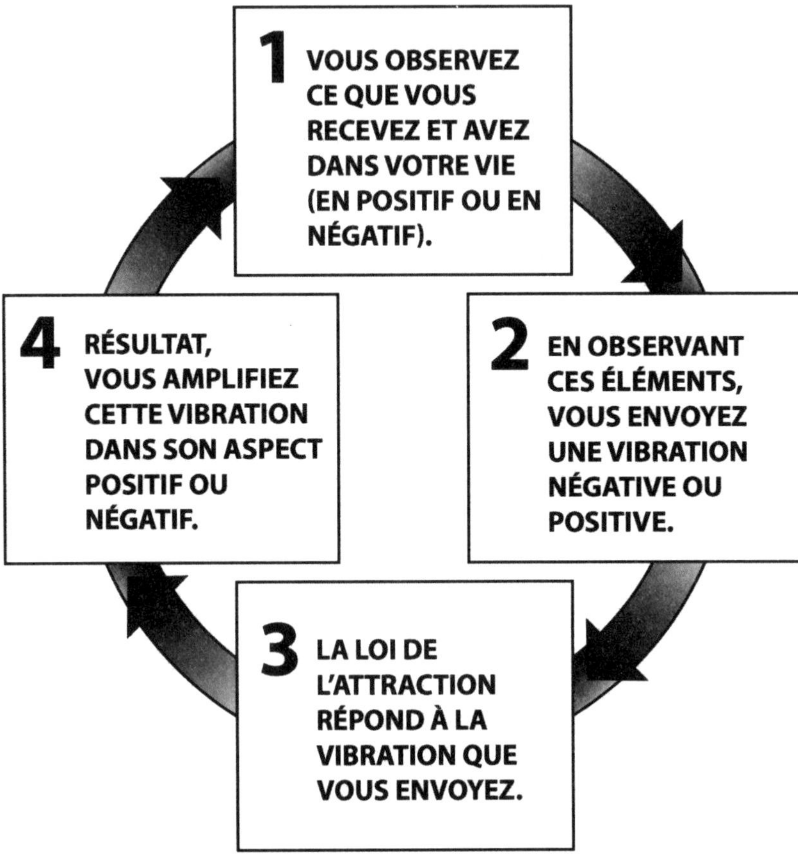

En observant ce que vous recevez dans les différents domaines de votre vie (argent, travail, santé, relations, etc.), vous générez un sentiment (une vibration) soit positif, soit négatif.

Observer crée une vibration

Sans même en être conscient, vous perpétuez le cycle d'observation. La Loi de l'Attraction répondra à votre vibration, positive ou négative, en vous la redonnant chargée davantage de la qualité dont vous-même la faite vibrer.

Il est important de reconnaître que la Loi de l'Attraction est déjà en action dans votre vie que vous la compreniez ou pas, que vous l'appréciez ou que vous y croyiez ou pas. Si vous aimez ce que vous observez, fêtez-le ; de la sorte, vous en obtiendrez davantage. Si vous n'appréciez pas ce que vous obtenez, alors il est temps de vous servir de la Loi de l'Attraction plus délibérément. Vous arrêterez ainsi d'attirer ce que vous ne voulez pas et commencerez d'attirer ce que vous souhaitez vraiment. En d'autres termes, vous pratiquerez l'Attraction Délibérée.

Qu'une vibration
soit positive ou négative,
la Loi de l'Attraction
vous en redonnera toujours plus.

Comprendre la signification des mots que vous employez

Des mots, des mots, des mots

La plupart des outils et fiches de travail de ce livre se rapportent au langage, à l'utilisation des mots et, en particulier, aux sentiments générés par ces mots.

En poursuivant votre lecture, vous apprendrez l'importance des mots en tant que dénominateur commun de tous les exercices liés au Processus d'Attraction Délibérée.

Pourquoi une telle insistance sur les mots ?

Les mots sont partout. Nous les prononçons, les lisons, les écrivons, les pensons, les voyons, les frappons et les entendons dans nos têtes. Les exercices de ce livre sont tous basés sur le choix de mots précis car les mots que nous pensons et utilisons génèrent la vibration que nous envoyons. Le mot « devoir », par exemple, peut provoquer chez certaines personnes de mauvaises vibrations et de bonnes chez d'autres. Le mot "argent" peut avoir une connotation positive pour certaines personnes et négative pour d'autres. Dans les pages suivantes, vous découvrirez quels mots vous font attirer des choses que vous ne voulez pas.

Vos pensées sont constituées de mots. Voici une illustration de la connexion entre les vibrations positives et négatives, vos pensées et vos mots.

MOTS ⇨ **PENSÉES** (faites de mots) ⇨ **SENTIMENTS** (vibrations positives ou négatives)

Les mots qui vous font attirer ce que vous NE voulez PAS

Non, pas et ne... pas

« Ne pensez pas à la Statue de la Liberté à New York ! » ; Eh bien, je suis sûr que vous venez de le faire ! Votre esprit conscient et inconscient filtre automatiquement les mots comme **non, pas** et **ne... pas**. Lorsque vous utilisez ces mots, vous intériorisez en fait dans votre esprit exactement le contraire de ce qu'on vous dit. Par exemple, si je dis : « Ne pensez pas à une tempête de neige. », je vous garantis que vous allez presque immédiatement y penser. Même si l'instruction était de ne pas faire quelque chose, votre esprit conscient et inconscient a supprimé cette partie de la consigne.

Il existe d'autres expressions courantes qui donnent davantage d'attention et d'énergie à ce que vous NE voulez PAS. Vous êtes-vous déjà entendu faire une de ces déclarations ?

Ne t'affole pas
Je ne fais pas de reproches
N'hésite pas à m'appeler
Ne sois pas dupe
Ne t'inquiète pas
Je ne veux pas que cela blesse
Ne salis pas
Ne fume pas
Je ne juge pas

Pas de panique
Y'a pas d'urgence, aucun souci
Ne regarde pas maintenant
Ne cours pas avec les ciseaux
N'oublie pas
Je ne veux pas que mes clients annulent
Ne sois pas en retard
Ne claque pas la porte

La Loi de l'Attraction répond à la manière dont votre esprit pense : elle entend ce que vous NE voulez PAS. Lorsque vous vous entendez faire une déclaration contenant les mots non, pas et ne… pas, vous donnez en fait de l'attention et de l'énergie à ce que vous NE souhaitez PAS.

Voici un outil facile et efficace qui vous aidera à réduire et finalement éliminer de votre vocabulaire l'utilisation de mots comme non, pas et ne… pas. Chaque fois que vous vous entendez utiliser non, pas et ne… pas, demandez-vous : « Alors, qu'est-ce que je veux ? ». Toutes les fois que vous parlez de ce que vous NE voulez PAS, vous lui accordez à ce moment-là de l'attention et de l'énergie. Mais lorsque vous vous demandez ce que vous voulez vraiment, la réponse crée une nouvelle phrase avec de nouveaux mots. Lorsque vous changez vos mots, vous changez votre vibration et la meilleure nouvelle dans tout cela est que vous ne pouvez envoyer qu'une vibration à la fois.

Lorsque vous faites
une déclaration
contenant les mots
***non, pas** et **ne... pas**,*
vous accordez en fait
de l'attention et de l'énergie à ce
que vous NE souhaitez PAS.

Demandez-vous simplement
« ALORS, QU'EST-CE QUE JE VEUX ? »

Demandez-vous : « Alors, qu'est-ce que je veux ? »

Lorsque vous utilisez non, pas et ne… pas, demandez-vous « Alors, qu'est-ce que je veux ? ». Voyons comment résonnent les nouvelles phrases :

Déclarations négatives ⇨ **« Alors, qu'est-ce que je veux ? »** ⇨ **Déclarations positives**

N'hésite pas à appeler	Appelle-moi bientôt
Pas de panique	Reste calme
N'oublie pas	Souviens-toi de…
Ne sois pas en retard	Rendez-vous à l'heure
Ne claque pas la porte	Ferme-la doucement
Je ne veux pas que ça fasse mal	Je me sentirai bien
Je ne veux pas que mes clients annulent	Je veux que mes clients respectent leurs rendez-vous

Quand utilisez-vous **non**, **pas** et **ne… pas** ?
Ajoutez vos propres phrases ici.

-
-
-
-
-

Créez vos nouvelles phrases positives ici.

-
-
-
-
-
-

« Les émotions positives et négatives ne peuvent pas occuper l'esprit en même temps. L'une ou l'autre doit dominer. C'est à vous de vous assurer que les émotions positives exercent la plus forte influence sur votre esprit ».

Napoleon Hill

Lorsque vous passez de ce que vous ne voulez pas à ce que vous voulez, les mots changent. Lorsque les mots changent, la vibration change et vous ne pouvez envoyer qu'une seule vibration à la fois.

Reprogrammez votre vibration

À chaque instant, vous savez si la vibration que vous envoyez est positive ou négative en identifiant le sentiment que vous ressentez. Ce sentiment vous fait envoyer une vibration et dans le monde vibratoire, il n'existe que deux sortes de vibrations : positive et négative.

Vous pouvez reprogrammer votre vibration négative en vibration positive en choisissant simplement des pensées et des mots différents. C'est aussi facile que de vous demander : « Alors, qu'est-ce que je veux ? ». Encore une fois, lorsque vous parlez de ce que vous ne voulez pas et que vous évoquez ensuite ce que vous souhaitez vraiment, les mots changent. Vous ne pouvez envoyer qu'une seule vibration à la fois ; c'est pourquoi lorsque vos mots changent, votre vibration se transforme également. Formulé simplement, pour reprogrammer votre vibration, il vous suffit de changer les mots que vous employez et les pensées que vous développez.

La Loi de l'Attraction ne se souvient pas de la vibration que vous avez envoyée il y a 5 minutes, 5 ans, 5 mois ou 50 ans. Elle ne fait que répondre à la vibration que vous envoyez sur le moment, à ce moment précis, en l'amplifiant.

Pour savoir si vous envoyez une vibration positive ou négative, regardez tout simplement les résultats que vous obtenez dans tel domaine de votre vie. Ils reflètent parfaitement ce qui vous fait vibrer.

Attraction délibérée

Dans la partie suivante, vous allez découvrir comment utiliser la Loi de l'Attraction de manière plus délibérée. Pour ce faire, vous allez apprendre une formule facile en 3 étapes. De plus, pour intégrer ces étapes et en suivre progressivement le déroulement grâce à deux études de cas, vous pouvez vous exercer en remplissant les fiches de travail fournies. Vous trouverez davantage de fiches de travail à l'adresse suivante :

www.loidelattractionformation.com/fiche.html

Si vous ne savez pas trop à quel domaine de votre vie vous souhaitez appliquer l'Attraction Délibérée, choisissez simplement celui dont vous êtes le moins satisfait. Il peut s'agir de vos relations, votre carrière, votre activité ou votre situation financière.

Je vous conseille de finir la lecture du livre et d'y revenir ensuite pour faire les exercices, en les appliquant au domaine spécifique que vous aurez choisi.

La formule en 3 étapes de l'Attraction délibérée

Étape 1 : Identifiez votre désir

Cela semble facile, n'est-ce pas ? La plupart des gens ne savent pas très bien définir ce qu'ils veulent vraiment. Cependant qu'ils sont très doués pour identifier ce qu'ils ne veulent pas. Au cours de cette étape, vous apprendrez pourquoi savoir ce que vous ne souhaitez pas peut vous être utile.

Étape 2 : Accordez de l'attention à votre désir

Grâce à la Loi de l'Attraction, vous obtiendrez davantage de ce qui reçoit votre attention, énergie et intérêt. Cette étape vous enseignera comment y parvenir en apprenant tout simplement à choisir vos mots.

Étape 3 : Permettez-le

Vous vous demandez pourquoi vos désirs ne se manifestent pas ? La vitesse à laquelle vos désirs se réaliseront dépend du temps que vous mettrez à le leur permettre. C'est l'étape la plus importante.

Étape 1 – Identifiez votre désir

La première étape pour que la Loi de l'Attraction travaille pour vous nécessite de clarifier ce que vous voulez. Le défi à relever, toutefois, pour la plupart des gens consiste à savoir ce qu'ils veulent vraiment. Il leur est plus facile d'identifier ce qu'ils NE veulent PAS. Savoir ce que vous ne voulez pas est, en fait, une bonne chose. Comme vous le découvrirez dans cette section, savoir ce que vous ne souhaitez pas vous sera utile.

Qu'est-ce que le contraste ?

Le contraste *, en rapport à la Loi de l'Attraction, se définit comme toute chose que vous n'aimez pas, avec laquelle vous ne vous sentez pas bien ou qui vous met d'humeur négative. Dès que vous identifiez un élément de votre vie qui, selon votre ressenti, établit un contraste et que vous passez du temps à vous en plaindre, à en parler ou à déclarer que vous ne le voulez pas, vous offrez une vibration négative. La Loi de l'Attraction répondra alors à votre vibration négative en amplifiant sa négativité.

Le contraste est-il utile ?

Oui. En observant le contraste et en l'identifiant comme quelque chose que vous ne voulez pas, vous clarifiez ce que vous voulez vraiment. Demandez-vous simplement : « Alors, qu'est-ce que je veux ? ». Autrement dit, vous pouvez utiliser le contraste pour clarifier ce que vous souhaitez en répondant à cette question.

Repensez, par exemple, à votre premier flirt. Il y a fort à parier que c'est terminé et qu'il est résulté de cette relation une liste de choses

---

* J'ai adopté ce concept de « contraste » trouvé par Jerry et Esther Hicks, Ed. Abraham-Hicks.

que vous ne souhaitez plus vivre. Cette liste constitue votre liste de contrastes. C'est cette liste qui va vous aider à clarifier ce que vous souhaitez trouver chez un ou une partenaire.

L'observation des contrastes
est essentielle
car elle vous aide
à clarifier vos vrais désirs.

Pourquoi est-il important d'identifier les contrastes ?

Vous voyez les choses plus clairement dès lors que vous observez les contrastes dans votre vie.

Imaginez que vous êtes en voiture avec votre meilleur ami qui tripote avec insistance le bouton de la radio. Il choisit une station de musique Heavy metal que vous détestez. Vous commencez à vous stresser.

Après cinq secondes de cette musique vous vous dites : « C'est ma voiture, je ne vais pas écouter cela une seconde de plus ». Vous tendez la main pour tourner le bouton et retrouver votre station préférée qui passe de la musique pop. Instantanément, vous vous sentez plus gai et plus relaxé.

Remarquez comment vous avez clarifié ce que vous aimez en prêtant attention à ce que vous n'aimez pas. Autrement dit, votre contraste vous a apporté de la clarté.

Pour vous aider à observer brièvement les contrastes, dites-vous :
« Alors, qu'est-ce que je veux ? »

Qu'est-ce que veut dire "brièvement" ?

La clé pour obtenir ce que vous voulez sans rester focalisé sur ce que vous ne voulez pas est d'observer brièvement les contrastes.

Il n'y a que vous qui puissiez décider de la durée que sous-entend brièvement. Pour certains, expérimenter le contraste dans une relation peut durer des années ; pour d'autres, le contraste sera observé un court laps de temps. Vous pourriez même décider d'interrompre une relation dès le premier rendez-vous.

Remarquez que lorsque vous expérimentez le contraste par l'odeur, le son ou le goût, vous faites preuve de moins de tolérance. Pensez à ces questions :

Combien de temps sentiriez-vous quelque chose qui ne sent pas bon ?
Combien de temps écouteriez-vous une musique qui ne vous plaît pas ?
Combien de temps mangeriez-vous quelque chose qui n'a pas bon goût ?

Dans ces cas-là, vous observez brièvement le contraste et le changez pour clarifier les choses, RAPIDEMENT.

Il y a toutefois des domaines de votre vie où observer le contraste durera bien trop longtemps :

- Les relations
- La santé
- L'argent
- La carrière
- Autres

Généralement, moins vous passerez de temps à accorder de l'attention, de l'énergie et de l'intérêt au contraste, mieux ce sera. Obtenir une vision claire par le processus du contraste enseigné dans ce livre, vous y aidera.

Identifiez ce qui vous fait vous sentir bien et faites-le davantage.

Votre but consiste à limiter les contrastes dans tous les domaines de votre vie

C'est bien de se sentir à l'aise dans tous les domaines de sa vie. Cela vous paraît-il égoïste ? Vous trouverez normal d'être égoïste lorsque vous comprendrez que c'est une simple façon de prendre soin de soi.

Égoïste = Attention à soi

- Êtes-vous égoïste par rapport à ce que vous mangez ?
- Êtes-vous égoïste par rapport à ce que vous sentez ?
- Êtes-vous égoïste par rapport à ce que vous mettez ?
- Êtes-vous égoïste par rapport à ce que vous écoutez ?

Je vous encourage à être égoïste dans tous les domaines de votre vie, et particulièrement vis-à-vis de :

- Votre carrière
- Vos finances
- Votre santé
- Vos relations

Dans ces quatre-ci, les gens ont tendance à éprouver beaucoup d'émotions négatives et à rester longtemps au stade de la constatation, ce qui peut vouloir dire dans de nombreux cas, pendant des années.

Le Processus de Clarification par le Contraste

Le Processus de Clarification par le Contraste contribuera à clarifier vos désirs.

Voici quelques domaines importants de votre vie où avoir une vision clarifiée est bénéfique :

- La carrière
- L'argent
- Les relations de couple
- L'amitié
- Les relations de travail
- Les clients
- Les références commerciales
- L'éducation
- La santé
- Autres

Ensuite, en illustration, nous examinerons deux études de cas où Le Processus de Clarification par le Contraste apporte de la clarté.

Études de cas

Après avoir enseigné la Loi de l'Attraction à des milliers d'étudiants, j'ai réuni de magnifiques histoires de personnes dont la vie a été transformée grâce au travail de ce processus. Ce qui donne réellement vie à cet outil c'est de pouvoir voir de ses yeux l'histoire imprimée de quelqu'un d'autre. C'est pourquoi, j'ai inséré deux études de cas représentant les deux secteurs les plus communs où la Loi de l'Attraction est utilisée pour obtenir davantage ce que l'on souhaite.

L'histoire de Janice vous montrera comment les 3 étapes « Identifiez votre désir », « Accordez de l'attention à votre désir » et « Permettez-le » peuvent fonctionner pour attirer la relation idéale. L'histoire de Greg se focalise sur un autre sujet, difficile pour de nombreuses personnes, l'argent.

Janice – Ses Relations

Janice, 34 ans, est lassée et frustrée car les seuls hommes qui s'intéressent à elle font partie de la mauvaise catégorie. Elle se plaint de n'attirer à elle que des hommes indisponibles, insensibles et qui la considèrent rarement comme une priorité.

Janice a décidé d'utiliser la Loi de l'Attraction pour attirer son ami idéal.

Elle mit en route le processus de l'Attraction Délibéré en suivant la première étape, "*Identifiez votre désir*", à l'aide de la fiche de travail intitulée "Fiche de Travail - *La Clarification par le Contraste*". Reportez-vous à la fiche de travail de Janice à la page suivante.

Dans son cas, Janice a été capable de dresser une longue liste de contrastes en se remémorant quelques-unes de ses relations passées et en répertoriant ce qu'elle n'avait pas aimé (contrastes) dans ces relations.

Fiche de Travail "La Clarification par le Contraste"
Janice - Ma relation idéale

Alors, qu'est-ce que je veux ?

Contrastes – *Ce que je n'aime pas* (Côté A)	Vision clarifiée – *Ce que j'aime* (Côté B)
1. Quelqu'un qui surveille	
2. Quelqu'un qui n'écoute pas l'autre	
3. Quelqu'un qui n'est pas affectueux	
4. Quelqu'un qui ne s'intéresse pas à ce que je pense ou ressens	
5. Quelqu'un qui n'exprime pas ses sentiments	
6. Quelqu'un qui n'aime pas voyager	
7. Quelqu'un qui ne cesse de me presser	
8. Quelqu'un qui prend des décisions sans moi	
9. Quelqu'un qui n'aime ni aller voir un film, ni danser	

Janice a fait sa liste de contrastes du Côté A. Elle s'est remémorée ses trois dernières relations lors de cet exercice et a pris quelques jours pour établir sa liste.

Fiche de travail "La Clarification par le Contraste"
Janice - Ma relation idéale

Alors, qu'est-ce que je veux ?

Contrastes – *Ce que je n'aime pas* (Côté A)	Vision clarifiée – *Ce que j'aime* (Côté B)
1. ~~Quelqu'un qui surveille~~	1.Quelqu'un de souple, bien équilibré
2. ~~Quelqu'un qui n'écoute pas l'autre~~	2. D'une grande écoute
3. ~~Quelqu'un qui n'est pas affectueux~~	3. Affectueux et sensible
4. ~~Quelqu'un qui ne s'intéresse pas à ce que je pense ou ressens~~	4. Qui me demande ce que je pense et comment je ressens les choses
5. ~~Quelqu'un qui n'exprime pas ses sentiments~~	5. Qui aime rencontrer mes amis et les apprécie
6. ~~Quelqu'un qui n'aime pas voyager~~	6. Qui apprécie la compagnie. Qui adore les voyages (longs ou courts), aime partir à l'aventure et explorer ensemble de nouveaux endroits.
7. ~~Quelqu'un qui ne cesse de me presser~~	7. Qui a de la patience, permet aux choses de se dérouler en temps voulu
8. ~~Quelqu'un qui prend des décisions sans moi~~	8. Qui me demande mon avis avant de prendre des décisions
9. ~~Quelqu'un qui n'aime ni aller voir un film, ni danser~~	9. Qui apprécie le théâtre, le cinéma, adore les orchestres et les divertissements, qui aime danser

Janice a lu chaque élément de sa liste (Côté A) et s'est demandé « Alors qu'est-ce que je veux ? ». Elle a ensuite écrit les réponses du Côté B, puis au fur et à mesure, elle a rayé la ligne correspondant au contraste du Côté A.
Remarque : Dans notre exemple, nous n'avons répertorié que 9 éléments de la liste de Janice. Cet exercice sera encore plus efficace en portant le plus d'éléments possible sur la liste de vos contrastes (de 50 à 100 éléments). Plus vous identifierez de contrastes, plus vous clarifiez.

Greg – L'argent

Greg, 27 ans, arrive tout juste à joindre les deux bouts. Il se plaint constamment de ne pas avoir assez d'argent. En fait, il dit que sa situation financière le stresse. Greg est consultant indépendant et conseiller commercial. Il a beaucoup de mal à trouver et garder des clients.

Il a décidé d'utiliser la Loi de l'Attraction pour attirer la situation financière idéale.

Le Processus d'Attraction Délibérée commence par la première étape, « Identifiez votre désir » à l'aide de la fiche de travail "La Clarification par le Contraste". Regardez celle de Greg à la page suivante.

Souvenez-vous, nous n'avons répertorié dans l'exemple de Greg que 10 éléments au total de sa liste de contrastes ; mais cet exercice sera encore plus efficace si vous ajoutez le plus d'éléments possible à la liste de vos contrastes (entre 50 et 100 éléments). Plus vous identifiez de contrastes, plus vous clarifiez.

Fiche de travail "La Clarification par le Contraste"
Greg - Ma situation financière idéale

Alors, qu'est-ce que je veux ?

Contrastes – *Ce que je n'aime pas* (Côté A)	Vision clarifiée – *Ce que j'aime* (Côté B)
1. Manquer d'argent	
2. Toujours des factures à payer	
3. Arrive tout juste à joindre les deux bouts	
4. Je ne peux pas m'offrir tout ce que je veux	
5. Le flux d'argent est sporadique	
6. Je ne gagne jamais rien	
7. Mes revenus sont toujours les mêmes	
8. Ma famille ne connaît pas l'argent facile	
9. J'ai toujours lutté pour payer mon loyer	
10. Les questions d'argent me stressent	

Greg a fait sa liste de contrastes du Côté A. en se remémorant la totalité du tableau financier de sa dernière année, il lui a fallu deux heures pour dresser cette liste. Ca lui aurait pris un bon bout de temps pour achever cette liste s'il l'avait voulu.

Remarque : Dans notre exemple, nous n'avons répertorié que 10 éléments de la liste de Greg. Cet exercice sera encore plus efficace en portant le plus d'éléments possible sur la liste de vos contrastes (de 50 à 100 éléments). Plus vous identifierez de contrastes, plus vous générerez de clarté.

Fiche de travail "La Clarification par le Contraste"
Greg - Ma situation financière idéale

Alors, qu'est-ce que je veux ?

Contrastes – *Ce que je n'aime pas* (Côté A)	Vision clarifiée – *Ce que j'aime* (Côté B)
1. ~~Manquer d'argent~~	1. De l'argent en abondance
2. ~~Toujours des factures à payer~~	2. Les factures se paient facilement et rapidement
3. ~~Arriver tout juste à joindre les deux bouts~~	3. Toujours de l'argent de reste
4. ~~Je ne peux pas m'offrir tout ce que je veux~~	4. Avoir toujours suffisamment d'argent pour acheter ce que je veux
5. ~~Le flux d'argent est sporadique~~	5. L'argent afflue constamment de sources variées
6. ~~Je n'ai jamais rien gagné~~	6. Je gagne souvent des prix ; reçois des cadeaux et des choses gratuites
7. ~~Mes revenus sont toujours les mêmes~~	7. Mes entrées d'argent de source connues et inconnues sont toujours en hausse.
8. ~~Ma famille ne connaît pas l'argent facile~~	8. L'argent vient à moi facilement
9. ~~J'ai toujours lutté pour payer mon loyer~~	9. Je paie facilement mon loyer car j'ai toujours de l'argent
10. ~~Les questions d'argent me stressent~~	10. J'entretiens de bonnes relations avec l'argent

Greg a lu chaque élément de sa liste et s'est demandé « Alors qu'est-ce que je veux ? ».

Il a ensuite écrit les réponses du Côté B, puis au fur et à mesure, il a rayé la ligne correspondant au contraste du Côté A.

Complétez votre propre Fiche de Travail sur la Clarification par le Contraste

Choisissez un domaine de votre vie que vous souhaiteriez changer.

Du Côté A, faites la liste de toutes les choses qui vous dérangent par rapport à votre situation. Par exemple, si vous dressez une liste de contrastes pour la carrière de vos rêves, votre liste pourra comporter des remarques comme « Je fais trop d'heures » ou « Je suis trop mal payé ». Vous pouvez vous référer abondamment à vos emplois passés pour vous aider à établir votre liste.

Prenez beaucoup de temps pour remplir exhaustivement cette liste de contrastes. Souvenez-vous que les éléments supplémentaires ajoutés à votre liste vous apporteront toujours plus de clarté. Je vous conseille entre 50 et 100 éléments. Construisez-la sur plusieurs jours pour vous assurer d'avoir pensé à tous les vécus pertinents du contraste.

Lorsque vous avez fini d'établir votre liste de contrastes du Côté A, abordez chaque élément en vous demandant « Alors, qu'est-ce que je veux ? » et remplissez le Côté B de la fiche de travail.

Grâce à cette fiche de travail sur la Clarification par le Contraste, vous aurez une meilleure compréhension de ce que vous voulez vraiment (clarté de vos désirs), en faisant la liste de ce que vous ne voulez pas (contrastes). Quand vous aurez atteint la clarté, barrez simplement l'élément correspondant dans les contrastes.

Fiche de Travail "La Clarification par le Contraste"

Mon/Ma .... idéal(e)

Alors, qu'est-ce que je veux ?

Contrastes – *Ce que je n'aime pas* (Côté A)	Vision clarifiée – *Ce que j'aime* (Côté B)
Liste des choses que je n'aime pas	Liste des choses que j'aimerais

Pour obtenir des exemplaires supplémentaires de cette fiche, allez à l'adresse suivante : www.loidelattractionformation.com/fiche.html

Fiche de travail “La Clarification par le Contraste” Ma/Mon . . . . idéal(e)

Alors, qu’est-ce que je veux ?

Contrastes – *Ce que je n’aime pas* (Côté A)	Vision clarifiée – *Ce que j’aime* (Côté B)

Synthèse de la 1ère étape : Identifiez votre désir

Vous avez achevé la première étape de l'Attraction Délibérée, à savoir : Identifiez votre désir.

Voici ce que nous avons traité dans cette section

◆ Les mots que vous employez génèrent une vibration soit positive, soit négative.

◆ En utilisant les mots non, pas et ne… pas vous continuez d'accorder plus d'attention, d'énergie et d'intérêt aux choses auxquelles vous faites référence.

◆ Quand vous vous entendez dire non, pas et ne… pas, demandez-vous « Alors, qu'est-ce que je veux ? »

◆ Lorsque vous passez de ce que vous ne voulez pas à ce que vous voulez, votre vocabulaire change et lorsque les mots changent, votre vibration change.

◆ Vous ne pouvez envoyer qu'une vibration à la fois.

◆ Vous pouvez reprogrammer votre vibration en changeant simplement votre vocabulaire et en vous rappelant que les pensées sont formées de mots.

◆ Toutes les choses qui vous mettent mal à l'aise dénotent un contraste.

◆ Observez brièvement le contraste en sachant que la Loi de l'Attraction répond toujours à votre vibration.

◆ Utilisez le contraste pour générer de la clarté.

◆ En dressant votre liste de contrastes, trouvez le plus d'éléments possibles. Plus vous identifierez de contrastes, plus vous aurez une vision claire.

Souvenez-vous que vous avez uniquement circonscrit votre désir à ce niveau. Identifier et écrire ce que vous souhaitez a pu vous procurer un sentiment de bien-être ou de doute.

Au cours des chapitres suivants, vous apprendrez comment progresser dans la formule de la Loi de l'Attraction à l'aide des étapes 2 et 3.

Étape 2 : Accordez de l'attention à votre désir

Donner de l'attention amplifie la vibration

Élever (amplifier) votre vibration signifie simplement conférer à votre désir plus d'attention, d'énergie et d'intérêt positif. Il ne suffit pas simplement d'Identifiez votre désir ; vous devez aussi lui porter une attention positive. En lui accordant cette attention positive, vous êtes sûr d'inclure la vibration de votre désir à votre vibration du moment.

Quel que soit ce qui reçoit votre attention, votre énergie et votre intérêt, la Loi de l'Attraction vous en offre davantage. Mais, si vous identifiez votre désir et que vous ne lui consacrez ni attention, énergie ou intérêt, alors il ne se manifestera pas. La clé, ici, consiste à Identifiez votre désir et à lui accorder de l'attention en continu. En lui consacrant de l'attention, vous alimentez maintenant votre vibration courante de l'énergie de votre désir. Votre vibration courante est celle à laquelle la Loi de l'Attraction va répondre.

Certains sont doués pour identifier leurs désirs, sauf qu'ils en rangent la liste sans plus jamais lui accorder d'attention. La Loi de l'Attraction ne peut répondre qu'à l'objet de votre attention.

La section suivante de ce livre explique ce concept que nous sommes enveloppés d'une Bulle Vibratoire qui emmagasine à tout instant notre qualité vibratoire du moment. L'idée est alors de vous assurer d'inclure la vibration de votre désir dans votre Bulle Vibratoire.

Qu'est-ce que j'inclus dans ma Bulle Vibratoire

Imaginez qu'une bulle vous entoure et imaginez que cette bulle englobe toutes les vibrations que vous émettez. La Loi de l'Attraction va répondre à tout ce qui se trouve à l'intérieur de votre Bulle Vibratoire.

Vos désirs sont-ils à l'intérieur ou à l'extérieur de votre bulle vibratoire ?

Il est essentiel de comprendre que tous les buts, les rêves et les désirs que vous souhaitez concrétiser se trouvent à l'extérieur de votre Bulle Vibratoire. S'ils étaient à l'intérieur de votre bulle, vous les auriez déjà réalisés et vous en profiteriez. Prenez, par exemple, l'exercice que vous avez fait lors de la première étape pour identifier votre nouveau désir. Maintenant que vous avez une vision claire de votre désir, vous devez inclure sa vibration à votre vibration actuelle puisque c'est bien à cela que la Loi de l'Attraction répondra. Si vous dressez une liste de vos désirs et que vous la rangez dans votre tiroir à chaussettes, vos désirs ne se manifesteront pas : la Loi de l'Attraction ne répond pas aux choses laissées au fond d'un tiroir. Elle ne répond qu'à ce que comporte actuellement votre Bulle Vibratoire.

Au cours de la deuxième étape du Processus d'Attraction Délibérée, vous apprendrez à utiliser les mots qui conviennent pour diriger l'attention, l'énergie et l'intérêt nécessaires à l'obtention de vos nouveaux désirs par la création d'une Déclaration de Désirs. En soutenant vos désirs de cette attention, énergie et intérêt, vous les faites entrer dans votre Bulle Vibratoire du moment. La Loi de l'Attraction répond en s'harmonisant à cette nouvelle composition vibratoire.

Qu'ajoutez-vous dans votre bulle vibratoire ?

Qu'est-ce que j'inclus ou exclus de ma Bulle Vibratoire ?

À l'aide de la fiche de travail figurant à la page suivante, déterminez dans quelle colonne s'inscrivent les phrases suivantes des actions suivantes :

- Lorsque je parle de ce que je désire
- Lorsque je constate que j'aime quelque chose
- Lorsque je songe à mes désirs
- Lorsque je visualise mes désirs
- Lorsque je prétends avoir déjà ce que je désire
- Lorsque je dis oui à quelque chose
- Lorsque je dis non à quelque chose
- Lorsque je m'inquiète de quelque chose
- Lorsque je me plains de quelque chose
- Lorsque je me rappelle de quelque chose de positif
- Lorsque je me rappelle de quelque chose de négatif
- Lorsque j'observe quelque chose de positif
- Lorsque j'observe quelque chose de négatif
- Lorsque je m'amuse à l'idée d'avoir mes désirs exaucés
- Lorsque je fais des collages avec mes désirs
- Lorsque je prie pour exaucer mes désirs
- Lorsque je fête quelque chose que j'aime

Qu'est-ce que j'inclus dans ma Bulle Vibratoire ?

Ma Bulle Vibratoire – Fiche de travail

Action INCLUES dans ma bulle vibratoire	Actions EXCLUES de ma bulle vibratoire

Vous trouverez à la page suivante une fiche de travail complétée.

Ma Bulle Vibratoire – fiche de travail

Action INCLUES dans ma bulle vibratoire	Actions EXCLUES de ma bulle vibratoire
▸ Parler de mes désirs ▸ Constater quelque chose que j'aime ▸ Songer à mes désirs ▸ Visualiser mes désirs ▸ Prétendre avoir mes désirs exaucés ▸ En disant oui à quelque chose ▸ En disant non à quelque chose ▸ En m'inquiétant ▸ En me plaignant ▸ En me rappelant quelque chose de positif ▸ En me rappelant quelque chose de négatif ▸ En observant quelque chose de positif ▸ En observant quelque chose de négatif ▸ En m'amusant à l'idée de voir mes désirs exaucés ▸ En faisant un collage de mes désirs ▸ En priant pour mes désirs ▸ En fêtant les choses que j'aime	Comprenez-vous que tout s'inclut ?

Remarquez que même en disant « Non » à quelque chose, vous lui donnez de l'attention, de l'énergie et de l'intérêt. À ce moment-là, vous ajoutez cette chose à votre Bulle Vibratoire. Si vous donnez une quelconque attention à quelque chose, vous l'introduisez obligatoirement dans votre vibration du moment.

Deux outils pour élever votre vibration et alimenter votre désir

Une des clés pour que la Loi de l'Attraction travaille pour vous consiste à maintenir vos désirs au sein de vos vibrations, à savoir votre Bulle Vibratoire.

Dans les quelques pages suivantes, je vous explique comment certaines affirmations peuvent ou pas vous aider à inclure vos désirs dans votre Bulle Vibratoire et je vous donne un outil formidable pour reformuler ces affirmations afin qu'elles fonctionnent VRAIMENT. De plus, je vous présente un autre outil que j'appelle la "Déclaration de Désir". Avec cet outil efficace, vous êtes sûr d'inclure et de maintenir vos désirs dans votre Bulle Vibratoire. Il se révèle particulièrement utile lors du traitement de nouveaux désirs qui peuvent être oubliés s'ils ne jouissent pas d'attention délibérée.

Laissez-moi d'abord expliquer pourquoi l'utilisation d'affirmations n'élève pas forcément votre vibration.

Pourquoi l'utilisation d'affirmations n'élève pas forcément votre vibration

Une affirmation est une déclaration dite au présent et utilisée pour verbaliser un désir. Dire « J'ai un corps svelte et agréable » est un exemple d'affirmation positive.

Chaque fois que vous lisez votre affirmation, vous réagissez au ressenti que les mots utilisés vous font éprouver. Souvenez-vous, la Loi de l'Attraction répond à la vibration que vous envoyez selon votre ressenti et non pas selon la spécificité des mots utilisés. Par exemple, en vous disant que vous avez un corps svelte et agréable alors que ça n'est pas le cas ; ou encore si cette affirmation vous paraît irréalisable, vous créez des vibrations négatives. Vous envoyez une vibration de doute (une vibration négative) à laquelle la Loi de l'Attraction répond en la renforçant, même si ce n'est pas ce que vous souhaitez.

Une affirmation positive peut donc avoir une vibration négative. La plupart des affirmations ne fonctionnent pas parce que la Loi de l'Attraction ne répond pas aux mots, mais au ressenti envers les mots employés.

À la page suivante, vous trouverez une liste d'affirmations positives.

À la lecture de chaque déclaration, demandez-vous quelle vibration vous envoyez, négative ou positive.

+	-	Vibration
❐	❐	Les relations avec toute ma famille sont harmonieuses
❐	❐	J'aime mon corps
❐	❐	Je suis millionnaire
❐	❐	Mon activité est florissante
❐	❐	J'ai une santé idéale
❐	❐	J'ai un ami parfait

Question : Quand ces affirmations exercent-elles une vibration positive ?

Réponse : Lorsqu'elles se vérifient pour vous !

Lorsque vous faites une déclaration qui ne sonne pas vraie pour vous, vous produisez une vibration négative, car elle déclenche le doute en vous. En énonçant ces affirmations, une part de vous-même dit :

- Ça n'est pas vrai, mes relations familiales ne sont pas harmonieuses
- Ça n'est pas vrai, je n'aime pas mon corps
- Ça n'est pas vrai, je ne suis pas encore millionnaire
- Ça n'est pas vrai, mon activité n'est pas florissante
- Ça n'est pas vrai, je n'ai pas une santé idéale
- Ça n'est pas vrai, je n'ai pas un ami parfait

La clé pour pouvoir utiliser ces affirmations nécessite qu'elles se vérifient pour vous afin que vous vous sentiez bien. À la page suivante, je vous donne un outil pour vous aider à reformuler une affirmation afin qu'elle soit TOUJOURS vraie pour vous, et qu'ainsi elle vous permette de générer une vibration positive.

*La Loi de l'Attraction
répond à ce que vous ressentez
de ce que vous dites
et de ce que vous pensez.*

Outil 1 : Reformulation de vos affirmations pour mieux les ressentir

Certains d'entre vous ont appris qu'il fallait toujours énoncer ses affirmations au temps présent. Ici, je suggère que vous vous imaginiez en plein processus, *en train de...* (*Je suis en processus de...*). Ce processus (le processus de la manifestation) commence, en fait, dès que vous pensez à votre désir, que vous en parlez, que vous écrivez à son sujet ou que vous lui accordez UNE QUELCONQUE attention, énergie et intérêt. Ainsi, vous ETES réellement en plein processus. Lorsque vous dites : « Je suis en train de..., » cette phrase devient vraie. Si cette phrase énonce votre vérité, alors vous vous sentez bien et la transformez en une vibration positive.

Revisitons les déclarations faites à la page précédente, en commençant chaque phrase avec l'expression suivante :

Je suis en train de... :

- Je suis en train de créer des relations familiales idéales
- Je suis en train d'apprécier de plus en plus mon corps
- Je suis en train de vivre de plus en plus dans l'abondance
- Je suis en train de faire croître mon activité
- Je suis en train d'avoir une santé idéale
- Je suis en train d'attirer un ami idéal

À présent, chaque déclaration a pour vous un accent de vérité ! Lorsque vous ressentez une déclaration comme juste, vous vous sentez bien. Et en vous sentant bien, vous envoyez une vibration positive à laquelle la Loi de l'Attraction répond en l'amplifiant.

Outil 2 : "La Déclaration de Désir"

Une Déclaration de Désir est l'outil efficace pour élever votre vibration. Il s'agit de la seconde étape du processus en 3 étapes de l'Attraction Délibérée. Une fois que vous avez clarifié ce que vous voulez, la rédaction d'une Déclaration de Désir vous aidera à accorder de l'attention à ce désir. Souvenez-vous que la Loi de l'Attraction procure tout ce qui reçoit votre attention, énergie et intérêt de façon plus importante. C'est justement ce que la Déclaration de Désir vous propose de faire.

Par exemple, vous pourriez dire : « Je veux posséder ma propre maison. » À ce moment-là, la Loi de l'Attraction orchestre les circonstances et les événements pour vous l'accorder. Mais si vous faites comme la plupart des gens, vous vous saboterez probablement vous-même en pensant que vous ne pouvez pas vous Permettez-le. Alors, vous émettrez une vibration de manque et c'est ce à quoi la Loi de l'Attraction répondra.

Une fois votre Déclaration de Désir rédigée, vous ressentirez de l'excitation, des possibilités et de l'espoir, ce qui montre que votre vibration s'est élevée et que votre ressenti corroborera.

La Déclaration de Désir se compose de trois éléments :

- La phrase d'ouverture
- La vision clarifiée (établie lors de l'étape 1)
- La phrase de clôture

Dans la section suivante, vous apprendrez comment utiliser ces trois éléments pour créer votre "Déclaration de Désir".

Déclaration de Désir – Phrase d'ouverture

Je suis en train d'attirer tout ce que j'ai besoin de faire, savoir ou avoir pour attirer mon désir idéal.

Déclaration de Désir – La vision clarifiée

En utilisant ces déclarations provenant de votre vision clarifiée, combinez-les aux phrases suivantes :

J'aime savoir que mon idéal..
J'aime la sensation que j'éprouve quand................................
J'ai décidé..
De plus en plus...
C'est exaltant de..
J'aime l'idée de..
Je suis enthousiaste à l'idée de..
J'aime me voir..

Exemples :

- J'aime savoir que mon ami idéal vit dans ma ville.
- J'aime la sensation que j'éprouve quand je fais un dépôt à la banque pour mon activité.
- Je suis enthousiaste à l'idée de voyager avec mon ami idéal.
- J'aime l'idée d'avoir un fichier "Clients" complet.
- J'aime me voir faire des choix de nourriture saine.

Les phrases ci-dessus vous permettent de parler de vos désirs tout en sachant qu'elles sont vraies pour vous. Vous aimez VRAIMENT savoir... ou l'idée de... ou vous voir..., etc. De cette façon, vous donnez une vibration positive à votre désir et vous l'incluez dans votre Bulle Vibratoire. L'utilisation du mot idéal a ici son importance. La référence à votre ami idéal, votre santé ou votre carrière idéale vous autorise à en parler *maintenant*, vous donnant ainsi la possibilité de l'inclure dans votre vibration du moment. Souvenez-vous que le but de la Déclaration de Désir est de vous aider à inclure votre nouveau désir dans votre Bulle Vibratoire.

Sentez-vous la différence de vibration entre les deux propos suivants :

> J'aime savoir que ma relation *idéale* est enrichissante et gratifiante.
>
> ET
>
> Mes relations sont enrichissantes et gratifiantes.

Dans la première déclaration, vous dites que votre relation idéale est enrichissante et gratifiante. Cette affirmation s'applique, que vous soyez ou non en train de vivre ce genre de relation. Votre vibration est positive. À nouveau, vous ne déclarez pas que vous vivez cette relation *idéale* maintenant, mais vous dites que vous êtes sûr de désirer que ces attributs composent votre relation idéale.

La seconde déclaration est une affirmation où vous déclarez avoir déjà des relations enrichissantes et gratifiantes. Si cela n'est pas vraiment le cas, vous allez avoir des doutes, ce qui génère une vibration négative.

Déclaration de Désir – Phrase de clôture

La Loi de l'Attraction déploie et orchestre tout ce qui a besoin de se produire pour réaliser mon désir.

Exemples de Déclaration de Désir complétée

Avant d'écrire votre propre Déclaration de Désir, regardez les exemples de Janice et Greg. Rappelez-vous, leur première étape a consisté à dresser la liste de contrastes (aversions) pour les aider à clarifier leurs désirs. J'ai rajouté ici leurs fiches de travail sur la "Clarification par le Contraste" pour vous montrer combien elles les ont aidés à élaborer leurs Déclarations de Désir.

Fiche de Travail "La Clarification par le Contraste"
Janice - Ma relation idéale

Alors, qu'est-ce que je veux ?

Contrastes – *Ce que je n'aime pas* (Côté A)	Vision clarifiée – *Ce que j'aime* (Côté B)
1. ~~Quelqu'un qui surveille~~	1.Quelqu'un de souple, bien équilibré
2. ~~Quelqu'un qui n'écoute pas l'autre~~	2. D'une grande écoute
3. ~~Quelqu'un qui n'est pas affectueux~~	3. Affectueux et sensible
4. ~~Quelqu'un qui ne s'intéresse pas à ce que je pense ou ressens~~	4. Qui me demande ce que je pense et comment je ressens les choses
5. ~~Quelqu'un qui n'exprime pas ses sentiments~~	5. Qui aime rencontrer mes amis et les apprécie
6. ~~Quelqu'un qui n'aime pas voyager~~	6. Qui apprécie la compagnie. Qui adore les voyages (longs ou courts), aime partir à l'aventure et explorer ensemble de nouveaux endroits.
7. ~~Quelqu'un qui ne cesse de me presser~~	7. Qui a de la patience, permet aux choses de se dérouler en temps voulu
8. ~~Quelqu'un qui prend des décisions sans moi~~	8. Qui me demande mon avis avant de prendre des décisions
9. ~~Quelqu'un qui n'aime ni aller voir un film, ni danser~~	9. Qui apprécie le théâtre, le cinéma, adore les orchestres et les divertissements, qui aime danser

Pour rédiger sa fiche de Déclaration de Désir, Janice a pris sa Vision clarifiée et l'a insérée à la fiche vierge de Déclaration de Désir pour s'en inspirer par le contraste.

Déclaration de Désir de Janice
Ma relation idéale

Phrase d'ouverture

Je suis en train d'attirer tout ce que j'ai besoin de faire, savoir ou avoir pour attirer ma relation idéale.

La vision clarifiée

J'aime ce que je ressens en sachant que ma relation idéale est un homme au caractère souple et bien équilibré, qui a une grande capacité d'écoute et apprécie de discuter.

J'aime ce que je ressens en sachant que mon ami idéal est affectueux, sensible et qu'il s'enquiert de mes sentiments. J'aime, en effet, que l'on me demande mon avis quand il faut prendre une décision.

J'aime savoir que mon ami idéal trouve agréable de rencontrer mes amis et se réjouisse à l'idée de nous recevoir les uns les autres. Mon ami et moi profitons ensemble de faire de petits ou grands voyages, des excursions et de prendre des vacances qui nous rapprochent.

J'ai décidé que mon ami idéal serait patient, prévenant et doux et qu'il laisserait les événements se dérouler en temps voulu. Il est merveilleux que mon ami idéal me demande ce que je pense et ressens sur certains sujets. Il est formidable d'avoir des conversations équilibrées où chacun d'entre nous est inclus. J'aime lui demander son avis et j'aime qu'il me demande le mien.

Je suis enthousiaste à l'idée du plaisir d'aller au théâtre, au cinéma, à des spectacles et danser avec mon ami idéal. J'aime être aimée par mon ami et j'aime qu'il apprécie aussi d'être aimé. Il est optimiste et aime élever son esprit. Il est agréable. On peut se reposer sur lui.

Phrase de clôture

La Loi de l'Attraction déploie et orchestre tout ce qui a besoin de se produire pour réaliser mon désir.

Fiche de Travail "La Clarification par le Contraste"
Greg - Ma situation financière idéale

Alors, qu'est-ce que je veux ?

Contrastes – *Ce que je n'aime pas* (Côté A)	Vision clarifiée – *Ce que j'aime* (Côté B)
1. ~~Manquer d'argent~~	1. De l'argent en abondance
2. ~~Toujours des factures à payer~~	2. Les factures se paient facilement et rapidement
3. ~~Arriver tout juste à joindre les deux bouts~~	3. Toujours de l'argent de reste
4. ~~Je ne peux pas m'offrir tout ce que je veux~~	4. Avoir toujours suffisamment d'argent pour acheter ce que je veux
5. ~~Le flux d'argent est sporadique~~	5. L'argent afflue constamment de sources variées
6. ~~Je n'ai jamais rien gagné~~	6. Je gagne souvent des prix ; je reçois des cadeaux et des choses gratuites
7. ~~Mes revenus sont toujours les mêmes~~	7. Mes entrées d'argent de source connues et inconnues sont toujours en hausse.
8. ~~Ma famille ne connaît pas l'argent facile~~	8. L'argent vient à moi facilement
9. ~~J'ai toujours lutté pour payer mon loyer~~	9. Je paie facilement mon loyer car j'ai toujours de l'argent
10. ~~Les questions d'argent me stressent~~	10. J'entretiens de bonnes relations avec l'argent

Déclaration de Désir de Greg
Ma situation financière idéale

Phrase d'ouverture

Je suis en train d'attirer tout ce que j'ai besoin de faire, savoir ou avoir pour attirer ma situation financière idéale.

La vision clarifiée

J'aime savoir que ma situation financière me permet d'avoir tout ce dont j'ai besoin et que je désire, et d'en profiter pour connaître plus de joie et de liberté dans ma vie.

L'abondance est un sentiment et j'aime le sentiment d'être dans l'abondance. J'aime savoir que je paie toutes mes factures avec joie, en reconnaissant que les factures témoignent d'un échange que l'argent honore.

Je suis enthousiaste en pensant au flux d'argent continu provenant de sources connues et inconnues.

J'aime savoir que ma situation financière m'apporte le confort et l'assurance de pouvoir voyager ou faire mes achats où je veux et d'avoir tout ce qui me fait me sentir bien.

De plus en plus, je reçois des cadeaux, je gagne des prix et reçois ce dont j'ai besoin de sources connues et inconnues.

J'aime l'idée de placer de l'argent dans d'excellents investissements.

Phrase de clôture

La Loi de l'Attraction déploie et orchestre tout ce qui a besoin de se produire pour réaliser mon désir.

Comment créer votre "Déclaration de Désir"

Maintenant, c'est à vous de créer votre propre Déclaration de Désir.

Utilisez les éléments mentionnés sur votre Fiche de travail "La Clarification par le Contraste" pour rédiger votre Déclaration de Désir sur la fiche de travail suivante.

Je vous donne les phrases d'ouverture et de clôture. Tout ce qui vous reste à faire est de remplir la vision clarifiée.

Utilisez certaines ou l'ensemble des phrases suivantes pour vous aider à décrire votre désir idéal :

J'aime savoir que mon idéal...
J'aime la sensation que j'éprouve quand..............................
J'ai décidé..
De plus en plus..
C'est exaltant de...
J'aime l'idée de...
Je suis enthousiaste à l'idée de..
J'aime me voir..

Vous trouverez deux fiches de travail vierges sur les pages suivantes. Pour obtenir des fiches supplémentaires, allez sur le site :

www.loidelattractionformation.com/fiche.html

Fiche de Travail "Ma Déclaration de Désir"

Mon/Ma...........idéal(e)

Phrase d'ouverture

Je suis en train d'attirer tout ce que j'ai besoin de faire, savoir ou avoir pour attirer mon idéal.

....
....
....
....
....
....
....
....
....
....
....
....
....
....
....
....
....
....

La Loi de l'Attraction déploie et orchestre tout ce qui a besoin de se produire pour réaliser mon désir.

Fiche de Travail "Ma Déclaration de Désir"

Mon/Ma..........idéal(e)

Phrase d'ouverture

Je suis en train d'attirer tout ce que j'ai besoin de faire, savoir ou avoir pour attirer mon idéal.

....
....
....
....
....
....
....
....
....
....
....
....
....
....
....
....
....
....

La Loi de l'Attraction déploie et orchestre tout ce qui a besoin de se produire pour réaliser mon désir.

Comment savoir si je m'y prends bien ?

Après avoir rédigé votre Déclaration de Désir, reprenez-la et relisez-la. Puis, demandez-vous comment vous vous sentez. Entendez-vous une petite voix négative ? Êtes-vous mal à l'aise ou vous sentez-vous bien ? Votre Déclaration de Désir vous permet-elle de vous sentir bien ? Si ce n'est pas le cas, revoyez votre déclaration afin de vous sentir mieux (d'élever votre vibration) à sa lecture. Souvenez-vous, le but de cette Déclaration de Désir est d'élever votre vibration pour vous aider à inclure votre nouveau désir dans votre Bulle Vibratoire.

Synthèse de l'étape 2 : Accorder de l'attention à votre désir

Vous avez terminé la seconde phase de l'Attraction Délibérée, c'est-à-dire accordez de l'attention à votre désir.

Voici ce que nous avons traité dans cette section

- Votre Bulle Vibratoire contient toutes vos vibrations du moment.
- Vous devez ajouter la vibration de votre nouveau désir dans votre Bulle Vibratoire courante.
- Une Déclaration de Désir vous aide à inclure cette vibration de votre désir dans votre Bulle Vibratoire.
- Le but de la 2e étape est d'Accordez de l'attention à votre désir.
- Vous élevez votre vibration en accordant de l'attention, de l'énergie ou de l'intérêt à votre désir.
- Vous vous sentez mal à l'aise lorsque vos déclarations ne sont pas vraies pour vous.
- La Loi de l'Attraction répond aux sentiments nés de ces affirmations.

Vous avez à présent terminé les étapes 1 et 2 de la formule de la Loi de l'Attraction. Il est temps d'appliquer la troisième étape de la permission.

Étape 3 – Permettez-le

Tout est dans la permission

Maintenant, certains d'entre vous disent peut-être : « Avant, j'avais des désirs qui m'enthousiasmaient mais qui n'ont jamais abouti. » Souvenez-vous que l'Attraction Délibérée est un processus en 3 étapes.

Vous avez identifié votre désir et lui avez accordé de l'attention. La troisième étape du Processus d'Attraction Délibérée est « Permettez-le ». Alors, commençons.

Permettre consiste simplement à ne pas faire état de vibration négative. Or, le doute est une vibration négative. La permission est l'étape la plus importante du Processus d'Attraction Délibérée. L'un de mes clients, Danny, me demandait pourquoi il n'attirait pas ses désirs. Il avait dressé une grande liste concernant sa "Vision clarifiée" de son client idéal et avait rédigé une impressionnante "Déclaration de Désir" avec laquelle il se sentait bien. Alors, pourquoi n'attirait-il pas ses désirs ?

Le processus n'a pas marché pour lui, car il ne lui suffisait pas d'identifier son désir et de le vouloir vraiment. Il devait aussi éliminer le doute, ne plus douter du fait qu'il pouvait l'attirer. Ce processus de retrait du doute s'appelle la permission.

Vous avez certainement entendu l'expression « Laisser les choses venir ! » tout en vous disant que cela ne vous aidait pas vraiment. Pourtant, si vous doutez de pouvoir obtenir quelque chose, vous envoyez une vibration négative. Cette vibration négative affaiblit ou annule la vibration positive de votre désir. En d'autres termes, la vibration positive suscitée par un fort désir et la vibration négative alimentée par un gros doute s'annulent respectivement. Ainsi, la permission se fait en l'absence de doute.

La permission, c'est l'absence de vibration négative (doute).

Vous savez que vous permettez quelque chose quand vous vous entendez dire de telles expressions :

- « Ah, quel soulagement ! »
- « Tu sais, peut-être que je pourrais avoir cela. »
- « Maintenant, cela semble possible. »

Dans ces trois expressions, ce que vous décrivez, en fait, est le sentiment du retrait de la vibration négative.

La plupart des gens disent que la permission est l'étape la plus difficile de la formule de la Loi de l'Attraction. Ce n'est pas la plus difficile ; c'est simplement la moins bien comprise. La plupart des gens ne comprennent pas comment permettre que les choses leur arrivent et dès lors se sentent frustrés quand on leur dit « Laissez les choses venir ! ».

Dans cette section, je vous donnerai des outils pratiques pour vous aider à permettre.

Le jeu de la permission

Voici un exemple qui va vous aider à comprendre l'importance de la permission, comme l'illustre ce simple jeu d'enfants.

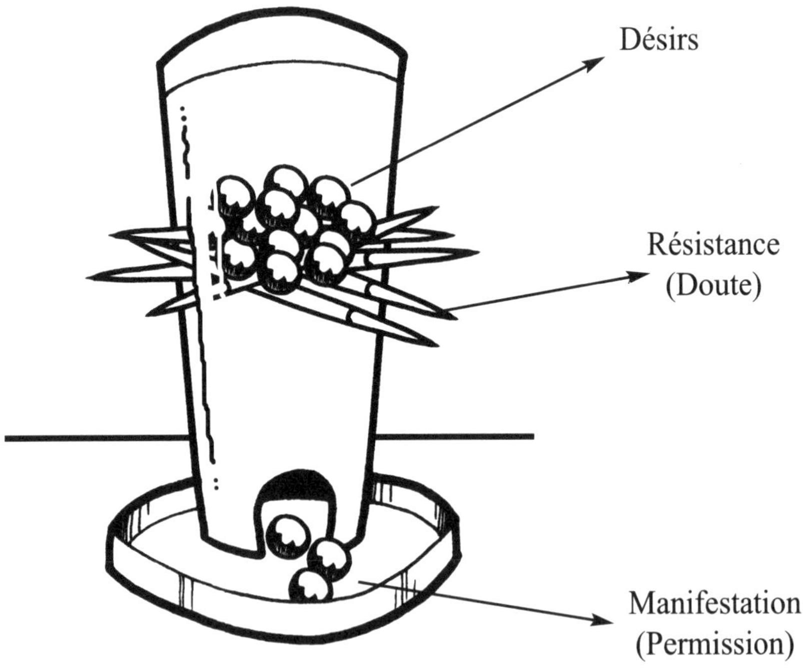

Voici comment fonctionne le jeu : un lot de billes repose sur des bâtonnets croisés en travers d'un cylindre vide. Les bâtonnets représentent la résistance/le doute, les billes représentent le désir et celles qui sont tombées illustrent la manifestation (la permission).

Au cours du jeu, les bâtonnets retirés permettent à un plus ou moins grand nombre de billes de tomber au fond du cylindre.

Comme vous pouvez le voir par le dessin, la seule façon de faire tomber les billes, consiste à retirer les bâtonnets. De la même façon, avoir un fort désir ne suffit pas ; ce n'est que lorsque votre résistance s'en va, que votre désir se manifeste. Plus vite vous levez votre résistance/doute, plus vite votre désir peut se réaliser.

En d'autres termes, la vitesse à laquelle la Loi de l'Attraction manifeste votre désir est directement proportionnelle à ce que vous permettez.

Voici quelques questions à méditer :

Avoir un fort désir rend-il sa manifestation plus rapide ?
Doit-on se débarrasser de tous ses doutes pour manifester son désir ?

Les illustrations suivantes vont répondre à ces questions.

Redisons que la vitesse à laquelle la Loi de l'Attraction répond à votre désir est directement proportionnelle à la permission que vous lui accordez.

Le pouvoir de la permission

Si vous avez un fort désir en même temps que de gros doutes, votre désir ne se manifestera pas.

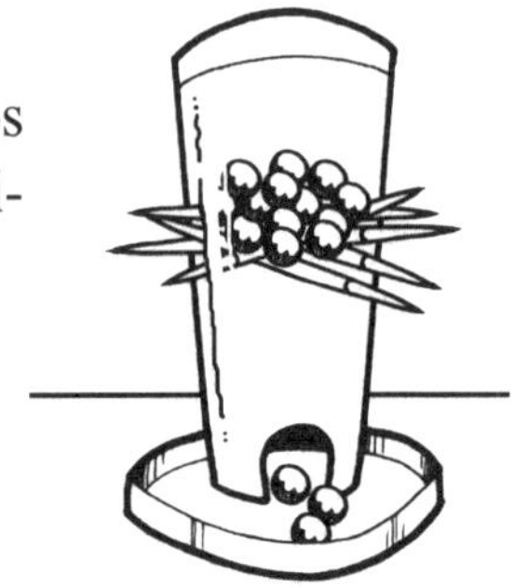

Si vous avez un fort désir et très peu de doutes, votre désir se réalisera, mais lentement.

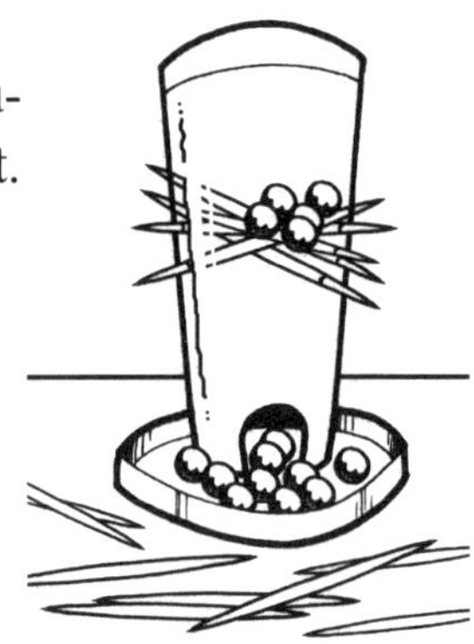

Si vous avez un fort désir et aucun doute, votre désir va se manifester rapidement.

Bien que souriants, ces acheteurs de tickets de loterie doutent de gagner.

Si votre doute est aussi fort que votre désir, celui-ci viendra à vous lentement, s'il vient jamais. La vitesse à laquelle vous gagnerez à la loterie (votre désir) est déterminée par la force de votre doute. Est-ce que vous doutez ?

La vitesse à laquelle
la Loi de l'Attraction
manifeste votre désir
est directement proportionnelle
à la permission que vous lui attribuez.

D'où vient le doute ?

Le doute (vibration négative) provient le plus communément de nos croyances limitatives.

Qu'est-ce qu'une croyance limitative ?

Une croyance limitative est une pensée répétitive que vous ressassez, encore et toujours. Lorsque vos pensées sont occupées par des croyances limitatives, vous offrez ou envoyez une vibration négative. Cette vibration négative vous empêche d'attirer votre désir. La phrase "Il faut que je travaille dur pour gagner de l'argent" fait vibrer le manque, qui vous prive d'obtenir ce que vous voulez.

Comment identifier vos croyances limitatives ?

Voici une façon simple de le faire. On les trouve habituellement après l'utilisation des mots *parce que*, comme dans la phrase, *« Je ne peux pas parce que... »*.

En voici quelques exemples :

- J'aimerais écrire un livre mais je ne peux pas parce que je n'ai pas de diplôme universitaire.
- J'aimerais monter ma propre entreprise, mais je ne peux pas parce que je suis trop vieux.
- J'aimerais avoir un corps plus svelte, mais c'est difficile parce que tout le monde dans ma famille est en surpoids.
- J'aimerais avoir un ami idéal, mais je ne peux pas parce que je suis trop gros, trop vieux ou trop timide, etc.

Revenons à nos deux études de cas avec Janice et Greg. Le désir de Janice consistait à attirer la relation idéale. Elle s'est surprise à dire qu'elle ne pourrait pas attirer un ami idéal parce qu'elle était trop vieille. Greg, lui s'est surpris à dire qu'il ne pourrait pas être à l'aise financièrement parce qu'il venait d'une famille pauvre.

Quant à vous, qu'elles sont vos croyances limitatives ? À chaque fois que vous vous entendrez dire les mots parce que, vous vous en découvrirez une.

Dans cette section, vous apprendrez comment utiliser des outils qui vous aideront à changer vos croyances limitatives.

La permission, c'est l'absence de vibration négative.
Le doute est une vibration négative, souvent généré par des croyances limitatives.

Un outil pour vous aider à permettre

Il existe un bon nombre d'outils de permission. Le premier que nous allons explorer consiste à faire des Déclarations de Permission. Leur but est de diminuer ou d'éradiquer tous les doutes qui vous empêchent de recevoir ce que vous voulez. Après avoir rédigé vos Déclarations de Permission vous ressentirez un grand soulagement. C'est dire que vous croirez que vous allez réellement attirer ce que vous désirez. La croyance, c'est également l'absence de doute, tout comme la foi.

Deux manières de savoir que vous permettez

Rappelez-vous, la permission, c'est l'absence de vibration négative. Il y a deux façons de vérifier que vous permettez :

- Premièrement, par votre ressenti. Lorsqu'ils se libèrent d'un sentiment négatif de résistance, la plupart des gens ressentent un soulagement et s'entendent s'écrier : « Ah, je me sens beaucoup mieux ! »

- La seconde manière de savoir si vous êtes dans la permission, c'est de remarquer quand la manifestation apparaît. Lorsque des preuves apparaissent, vous savez que vous permettez.

Dans les pages suivantes, vous apprendrez à changer vos pensées en pensées positives. En n'offrant que de nouvelles pensées positives, vous créerez alors de nouvelles croyances. Rappelez-vous, une croyance limitative est simplement une pensée répétitive que vous ressassez, c'est pourquoi, toute croyance peut être modifiée.

Formule de création de la Déclaration de Permission

Dès que vous vous entendez énoncer une croyance limitative (ou émettre des doutes), vous pouvez utiliser cette formule pour vous aider à créer une Déclaration de Permission qui diminuera ou éliminera vos doutes.

La rédaction de votre propre Déclaration de Permission est simple.

- Commencez par vous demander s'il existe quelqu'un qui, actuellement, fait ce que vous voulez faire ou possède ce que vous voulez avoir.
- Si tel est le cas, alors combien de personnes l'ont fait ou en jouissent aujourd'hui ? Hier ? La semaine dernière ? Le mois dernier ? L'année dernière ?
- Rédigez votre déclaration de manière générale (en utilisant la 3e personne), car la référence à votre personne peut accentuer le doute.
- Assurez-vous que votre déclaration soit plausible.

Vous trouverez ci-dessous comment créer vos déclarations de permission avec deux exemples de croyances limitatives :

Croyance limitative 1 :

J'aimerais avoir un corps plus svelte, mais je ne le peux pas car tous les membres de ma famille sont gros.

Question : Existe-t-il quelqu'un sur la planète dont le poids est différent de celui des autres membres de sa famille ?

Réponse : Oui

Question : Si oui, alors combien de personnes sont dans ce cas aujourd'hui ? l'étaient hier ? La semaine dernière ? Le mois dernier ? L'année dernière ?

Déclaration de Permission :

Des milliers de personnes, même dans mon quartier, ont des poids différents de ceux des membres de leurs familles. Il existe des millions d'hommes sur la planète qui ont un corps plus svelte que leur père ou leur frère. (Remarque : cette phrase énonce les faits en termes généraux et à la 3ème personne, afin d'éviter toute référence à vous-même).

Croyance limitative 2 :

J'aimerais démarrer ma propre entreprise mais je ne le peux pas car j'ai 50 ans !

Question : Existe-t-il quelqu'un de mon âge sur la planète qui a démarré sa propre entreprise ?

Réponse : Oui.

Question : Si tel est le cas, alors combien de personnes l'ont fait aujourd'hui ? Hier ? La semaine dernière ? Le mois dernier ? L'année dernière ?

Déclaration de Permission :

En ce moment des centaines de personnes dans la cinquantaine ont démarré leur entreprise et la gère avec succès. Il existe des millions de patrons d'entreprises florissantes âgés de 50 ans et plus.

Rédigez votre Déclaration de Permission en termes généraux (à la 3ème personne), car faire référence à votre cas vous ferait davantage douter.

À présent, revenons à Janice et Greg pour voir comment ils ont créé leur déclaration de permission.

Comme vous vous en souviendrez, Janice est lassée et frustrée parce que c'est toujours la mauvaise catégorie d'hommes qui s'intéresse à elle. Elle se plaint d'attirer des hommes qui ne sont ni disponibles, ni sensibles et qui ne la considèrent jamais comme une priorité.

Janice se sert de l'Attraction Délibérée pour l'aider à attirer la relation idéale. Elle a clarifié ses désirs et utilise déjà une Déclaration de Désir. Mais, il s'agit d'un désir nouveau pour elle, elle doit amoindrir les doutes afin de le recevoir. C'est ce qu'elle entreprend en rédigeant sa Déclaration de Permission.

Déclaration de permission de Janice
Ma relation idéale

- Des centaines de personnes ont rencontré leur ami idéal le mois dernier.
- Des milliers de personnes ont leur premier rendez-vous aujourd'hui avec une personne qui deviendra l'ami idéal de toute leur vie.
- Des centaines de milliers de couples aujourd'hui apprécient leur compagnie respective.
- Des millions de couples vivent leurs relations idéales.
- Tous les jours, de plus en plus de personnes attirent leur ami idéal.
- Des millions de couples partagent ensemble une vie sociale et des loisirs, dont les voyages et les vacances.
- Des centaines de milliers de couples iront danser cette semaine.

En rédigeant sa Déclaration de Permission, Janice commence à ressentir de l'espoir et à amoindrir ses doutes. À présent, la Loi de l'Attraction peut lui présenter son ami idéal.

Quant à Greg, souvenez-vous, c'est un consultant indépendant et un conseiller commercial qui a de sacrées difficultés à joindre les deux bouts. Il ne cesse de se plaindre de ne pas avoir assez d'argent et avoue même être plutôt stressé par sa situation financière.

Greg se sert de l'Attraction Délibérée pour l'aider à attirer la situation financière idéale. Il a clarifié ses désirs et utilise déjà une Déclaration de Désir. Là aussi, puisqu'il s'agit d'un désir nouveau pour lui, il doit apaiser ses doutes ; et pour cela, il rédige sa Déclaration de Permission.

Déclaration de permission de Greg
Ma situation financière idéale

- Des millions de personnes reçoivent des chèques aujourd'hui.
- Chaque jour, des milliards d'euros transitent d'un compte bancaire à un autre.
- À l'instant, quelqu'un vient juste de recevoir un chèque.
- Des centaines de milliers de personnes gagnent des prix et de l'argent chaque jour.
- Quelqu'un est devenu millionnaire hier.
- Des millions d'euros sont hérités tous les jours.
- Quelqu'un a trouvé de l'argent aujourd'hui.
- De plus en plus de personnes s'attirent de manière créative des revenus supplémentaires.

En rédigeant sa Déclaration de Permission, Greg commence à ressentir de l'espoir et voit ses doutes diminuer. À présent, la Loi de l'Attraction peut lui apporter sa situation financière idéale.

Comment créer votre Déclaration de Permission

Il est temps à présent de créer votre propre Déclaration de Permission. Utilisez cet outil dès que vous vous entendez émettre des doutes. Dressez une liste de ces doutes. Vous risquez de vous entendre dire « Je ne peux pas avoir cela parce que... » ou « Ça ne peut pas m'arriver parce que... ! ». Utilisez la fiche de travail de "Déclarations de Permission" à la page suivante pour vous aider à rédiger la vôtre.

ÉTAPE 1 : Démasquez le doute

Relisez votre Déclaration de Désir et utilisez-la pour faire apparaître les doutes que vous pourriez ressentir au cours de cette lecture. Par exemple, si dans votre Déclaration de Désir, vous déclarez que votre travail idéal vous permettrait de travailler 4 jours par semaine et que vous entendez une petite voix à l'intérieur qui vous dit : « Ça n'arrivera jamais parce que... », alors notez ce doute.

ÉTAPE 2 : Posez-vous les questions suivantes

Commencez par vous demander s'il existe quelqu'un qui fait actuellement ce que vous voulez faire ou possède ce que vous souhaitez. Si tel est le cas, alors combien de personnes le font ou l'ont eu aujourd'hui ? Hier ? La semaine dernière ? Le mois dernier ? L'année dernière ?

ÉTAPE 3 : Rédigez votre Déclaration en termes généraux (à la 3ème personne)

Rédigez votre déclaration en utilisant des termes généraux car faire référence à votre cas vous ferait davantage douter. Assurez-vous que la déclaration soit plausible.

Déclaration de permission
Mon / Ma................ idéal(e)

....
....
....
....
....
....
....
....
....
....
....
....
....
....
....
....
....
....
....
....
....
....
....
....

Pour des exemplaires supplémentaires de cette fiche de travail, allez sur le site : www.loidelattractionformation.com/fiche.html

Il existe deux façons de savoir que vous permettez.

Premièrement, vous ressentez un soulagement et vous vous entendez souvent vous écrier : « Ah ! Ça va beaucoup mieux. »

Deuxièmement, vous voyez apparaître des preuves de ce que vous manifestez dans votre vie.

D'autres outils pour vous aider à permettre

Voici d'autres outils, en plus de la Déclaration de Permission :

1. Fêtez la preuve (évidence)
2. Consignez vos preuves de la Loi de l'Attraction
3. Appréciation et gratitude
4. Utilisez l'expression : « Je suis en train de... »
5. Utilisez l'expression : « J'ai décidé... »
6. Utilisez l'expression : « Beaucoup de choses peuvent arriver... »
7. Demandez des informations
8. Faites-vous une boîte d'attraction
9. Créez le vide ou libérez un espace
10. Laissez la Loi de l'Attraction se charger des moyens

Souvenez-vous que votre désir se réalisera plus rapidement en l'absence de doute.

Outil 1 : Fêtez la preuve (l'évidence)

Souvenez-vous que pour manifester votre désir, vous devez éliminer le doute. Le doute est ce qui empêche votre désir de se concrétiser. La meilleure façon d'ôter le doute est de trouver des preuves. Les scientifiques, par exemple, ne croient qu'en ce qui est prouvé. Comme la plupart d'entre nous, lorsqu'on nous prouve quelque chose, nous disons souvent : « D'accord, j'y crois maintenant. J'en ai la preuve. » Voici comment utiliser la preuve (l'évidence) à votre avantage.

Avez-vous remarqué, lorsque quelque chose que vous désirez commence de se manifester un tant soit peu, comme cela vous enthousiasme ? Par exemple, vous attirez un petit bout de l'information que vous recherchiez ou vous rencontrez quelqu'un qui se rapproche de la description de votre ami idéal ou votre client idéal. Tout ceci n'est qu'une preuve (évidence) de la Loi de l'Attraction en action dans votre vie.

La manière dont vous observez cette preuve (évidence) est importante. Dans certains cas, on risquerait de dire « Oh, ça n'est pas exactement ce que je voulais », ou « Il n'est pas tout à fait la personne que je cherchais », ou encore « C'est assez proche mais pas vraiment ça. » En disant ou en pensant ce genre de réflexions, vous créez une vibration négative.

Lorsque vous trouvez et expérimentez des preuves (témoignages) de la Loi de l'Attraction, fêtez-les en reconnaissant que vous vous approchez de ce que vous désirez. C'est en célébrant la proximité de votre désir que vous renforcez encore sa vibration. À ce moment-là, la Loi de l'Attraction répond à cette vibration. Souvenez-vous que la Loi de l'Attraction ne se soucie guère de savoir s'il s'agit d'un souvenir, d'une simulation, d'un jeu, d'une création, d'une plainte ou d'une inquiétude. Elle répond seulement à votre vibration et la renforce. Alors, trouvez les preuves et réjouissez-vous.

Janice utilise la Loi de l'Attraction pour attirer sa relation idéale. Elle nous donne un bon exemple de la façon d'utiliser cet outil pour diminuer le doute.

Peu de temps après avoir complété sa Déclaration de Désir et utilisé les outils de permission, elle a rencontré un homme qui visitait sa ville. Ce fut le coup de foudre immédiat. Ils avaient beaucoup d'affinités, notamment l'amour de la musique, du théâtre et du cinéma. Elle fut très impressionnée par ses bonnes capacités à communiquer et par son optimisme. Trois jours plus tard, Janice m'appela et je pouvais entendre de la déception dans sa voix. Elle passa beaucoup de temps et accorda beaucoup d'attention à décrire sa déception du fait qu'il venait d'un autre pays (et immanquablement, ajouta ce qu'elle ne souhaitait pas dans sa Bulle Vibratoire). Pourtant, je voyais qu'il correspondait presque parfaitement à son désir et qu'elle ne le reconnaissait pas. Mon travail consista à l'aider à inclure toutes les choses qui étaient en correspondance avec son désir dans sa Bulle Vibratoire.

Voici comment j'ai utilisé cet outil avec Janice. Je lui ai simplement demandé de me nommer tout ce qui l'enthousiasmait chez sa nouvelle relation. En d'autres termes, les choses qui lui convenaient et qu'elle avait énoncées dans sa Déclaration de Désir. Elle dressa rapidement une liste comprenant sa belle capacité à communiquer son amour de la musique, du théâtre et du cinéma, ses valeurs et combien elle se sentait heureuse à ses côtés. Janice pu sentir sa vibration s'élever au moment où elle commença d'établir cette liste. En trouvant et en célébrant cette correspondance presque totale, elle changea immédiatement sa vibration. Dès que Janice a commencé de se remémorer sa première liste et d'en remarquer la correspondance presque en tous points, elle a inclus à nouveau cette vibration dans sa Bulle Vibratoire.

Et vous savez maintenant comment la Loi de l'Attraction répond à ce genre d'action !

Outil 2 : Consignez les Preuves sur la Loi de l'Attraction

Tenir un Journal de Preuves de la Loi de l'Attraction dans votre vie vous aidera à y croire davantage, à être plus enthousiaste, à davantage la permettre et à lui faire davantage confiance. Ne tenez pas compte de la grandeur de la manifestation (c'est-à-dire, que vous trouviez un euro ou gagniez le gros lot). S'il s'agit d'un de vos souhaits, notez-le dans votre journal ! Consignez vos preuves et vous élèverez votre vibration.

Trouver des preuves contribue à écarter le doute. Souvenez-vous, chaque fois que l'on vous a prouvé quelque chose, dans l'instant même, vous n'avez plus douté. Vous avez pu vous entendre dire : « MAINTENANT, j'y crois ! ».

Après quelques pages de preuves répertoriées, vous comprendrez combien la Loi de l'Attraction fonctionne vraiment dans votre vie. En utilisant la Loi de l'Attraction plus consciemment, vous aurez la confirmation qui vous encouragera à faire plus facilement confiance au processus de permission. Ainsi, vous amoindrirez le doute (résistance). Souvenez-vous, votre désir se concrétisera plus rapidement en l'absence de doute.

Alors, dès que vous avez des doutes sur la Loi de l'Attraction, il vous suffit de lire votre Journal de Preuves. La lecture de ce livre vous rappellera les témoignages que vous avez reçus et diminuera ou éliminera votre doute.

Exemple d'un Journal de Preuves

Date : ______________________________

Aujourd'hui, j'ai observé cette preuve (évidence)

De l'argent laissé dans un parcmètre	Ticket de parking gratuit
On m'a payé le déjeuner aujourd'hui	Dose gratuite à la cafétéria
J'ai eu 30 % de remise sur un achat	On m'a donné un conseil gratuit au dîner

Mon Journal de Preuves

Date : ______________________________

Aujourd'hui, j'ai observé cette preuve (évidence)

Date : ______________________________

Aujourd'hui, j'ai observé cette preuve (évidence)

Date : ______________________________

Aujourd'hui, j'ai observé cette preuve (évidence)

Pour des exemplaires supplémentaires de cette fiche de travail, allez sur le site :

www.loidelattractionformation.com/fiche.html

Le Journal de Preuves a fonctionné pour Ivor

D'un esprit analytique (je travaille dans la finance), je suppose que j'étais la personne la plus improbable pour s'investir dans la Loi de l'Attraction. Cependant, grâce aux enseignements de Michael Losier, j'ai appris comment modifier mes pensées et être ouvert et réceptif à des idées nouvelles. Ensuite, des choses merveilleuses ont commencé de se produire. J'ai commencé à avoir une approche optimiste des situations commerciales dont je me serais généralement inquiété. Lorsque j'ai délibérément élevé ma vibration en passant de l'inquiétude à une bonne humeur positive, j'ai remarqué que j'ai eu des résultats et qui plus est, rapidement. Si je décidais de rencontrer trois nouveaux clients sur une seule journée, cela se produisait ! Une des façons de noter dans mon journal les preuves du fonctionnement de la Loi de l'Attraction à mon égard consiste à utiliser le journal pour y consigner tous mes succès, grands et petits. Je note tout ce que je réussis à obtenir : une référence, un nouveau client, un gros chèque ou payer le solde d'une facture, etc. Je feuillette souvent mon journal ; chaque fois que je veux élever ma vibration et me souvenir de la puissance de la Loi de l'Attraction.

Ivor John
Conseiller financier
Victoria, Colombie Britannique

Souvenez-vous que la Loi de l'Attraction ne se soucie guère de savoir s'il s'agit d'un souvenir, d'une simulation, d'un jeu, d'une création, d'une plainte ou d'une inquiétude.

Elle répond simplement au contenu de votre Bulle Vibratoire.

Alors, trouvez les preuves, réjouissez-vous et envoyez une vibration positive.

Outil 3 : Appréciation et Gratitude

L'appréciation et la gratitude vous aident à envoyer de fortes vibrations positives. Lorsque vous appréciez quelque chose, vous émettez un sentiment et une vibration de joie pure. Pensez à un moment où vous avez exprimé vos remerciements à quelqu'un dans votre vie. Les sentiments que vous avez ressentis étaient positifs.

Tenir un journal qui fait état de votre appréciation et de votre gratitude vous procure un outil quotidien pour entretenir une vibration positive. Quand vous prenez expressément le temps d'apprécier chaque jour, vous offrez intentionnellement de fortes vibrations positives dont vous alimentez votre Bulle Vibratoire.

Vous pouvez prendre le temps d'apprécier tout ce qui vous plaît. Ce qui est important, c'est le sentiment lié à votre appréciation.

Janice, dont le désir consiste à trouver une relation idéale, tient quotidiennement un journal de tout ce qu'elle apprécie en rapport à son désir. Ceci lui permet de réfléchir au genre de relation qu'elle souhaite vivre dans sa vie. Voici quelques exemples de ses déclarations d'appréciation :

- Je suis reconnaissante d'être allée faire de la randonnée avec de nouveaux amis cette semaine.
- J'ai aimé partager le déjeuner aujourd'hui avec des amis proches.
- J'apprécie que mes amis proches m'accordent de l'attention.
- J'aime avoir beaucoup d'amis.

En pensant et en écrivant ses déclarations quotidiennes d'appréciation, Janice s'enveloppe d'une vibration positive. Dans le même instant, la Loi de l'Attraction se déploie pour lui apporter davantage de ce qu'elle émet « vibratoirement ».

Prenez le temps d'apprécier toute chose. Ce qui est important, c'est le sentiment lié à votre appréciation. L'appréciation et la gratitude vous aident à émettre de fortes vibrations positives.

Outil 4 : Utilisez l'expression : « Je suis en train de... »

Parfois, il peut vous paraître difficile de croire que vous obtiendrez ce que vous voulez. C'est tout particulièrement vrai lorsque vous vous focalisez sur le fait que vous n'avez pas atteint votre objectif. Lorsque vous vous concentrez sur ce que vous n'avez pas, vous émettez une vibration négative. Alors, à contrario, détendez-vous en disant : « Je suis en train de... ».

Une autre façon de ne voir que le manque et de générer une vibration négative consiste à faire état de ce que vous n'avez pas. Lorsque vous vous surprenez à dire que vous n'avez pas encore quelque chose, arrêtez et dites au contraire, « Je suis en train d'attirer... ».

Certaines personnes pourront demander « Alors, n'êtes-vous pas toujours en train de... ? ». La réponse est oui, vous êtes toujours en train de... La Loi de l'Attraction déploie et orchestre toujours des événements et circonstances pour répondre à votre vibration et vous renvoyer davantage de cette vibration. Lorsque vous attirez ce qui correspond à votre désir, lorsqu'il se manifeste, vous générez un nouveau désir et êtes à nouveau en train de...

Au moment même où l'idée de votre nouveau désir vous vient à l'esprit, parlez-en, écrivez à son sujet, inscrivez-le sur votre calendrier ou sur un post-it collé sur votre frigo, vous commencez juste d'entrer dans le processus. Car dans chacun des cas, c'est pour vous l'occasion d'accorder à votre nouveau désir de l'attention, de l'énergie et de l'intérêt. Alors c'est vrai... vous êtes *en train de... !*

Voici quelques exemples d'application de cet outil « Je suis en train de... »

Avant : Je n'ai toujours pas attiré mon ami idéal.
- Je suis en train d'attirer mon ami idéal.

Avant : J'attends toujours mon travail idéal
- Je suis en train d'obtenir mon travail idéal

Avant : Je n'ai toujours pas atteint le poids désiré
- Je suis en train d'avoir un corps plus svelte et plus agréable.

Rappelez-vous d'utiliser cette expression lorsque vous êtes accaparé par le doute de ne pas pouvoir atteindre vos objectifs ou de ne pas manifester vos désirs.

Outil 5 : Utilisez l'expression : « J'ai décidé... »

Une autre façon de reformuler vos expressions pour qu'elles puissent proposer une vibration positive consiste à utiliser la phrase « J'ai décidé ». Avez-vous remarqué comme cela crée dans la plupart des cas, une émotion fortement positive lorsque vous dites : « J'ai décidé... », « J'ai décidé d'avoir ceci, » ou « j'ai décidé de faire cela » ? La plupart des gens utilisent rarement ce verbe décider, pourtant c'est une excellente manière de retirer l'accent mis sur le manque et de le replacer sur votre désir.

- J'ai décidé que j'allais avoir plus d'argent dans ma vie.
- J'ai décidé que j'allais travailler trois jours par semaine.
- J'ai décidé que j'allais vivre une relation heureuse et saine.
- J'ai décidé de démarrer ma propre entreprise.
- J'ai décidé d'attirer mon travail idéal.

Vous avez peut-être remarqué que lorsque certaines personnes expérimentent le contraste, elles déclarent avec force : « Ça suffit ! J'ai décidé à partir de maintenant que ça se passera comme ça ! » Ainsi, décider veut vraiment dire prendre la décision de... et grâce à cette décision, vous envoyez la vibration que vous souhaitez attirer.

Décidez plus souvent. Vous ressentirez instantanément un soulagement issu aux émotions positives provenant de chaque prise de décision.

Outil 6 : Utilisez l'expression, « Beaucoup de choses peuvent arriver... »

J'avais un client, Jason qui utilisait la Loi de l'Attraction pour attirer son client idéal. En l'écoutant parler, je compris qu'il essayait de déterminer quand apparaîtrait son prochain gros acheteur. Il disait par exemple : « Il me semble que j'attends depuis toujours. Je me demande quand cela va arriver ? ». Même si Jason avait achevé le processus en 3 étapes, il restait en lui une part de doute. Les propos de Jason à l'égard de son prochain client s'émaillaient d'une vibration négative de manque (le doute).

Jason dépensait beaucoup d'énergie à essayer de déterminer pourquoi il n'obtenait pas ce qu'il voulait. Il constatait également qu'il n'atteignait pas ses objectifs. Comme Jason, vous passez probablement du temps à constater que vous n'avez pas atteint vos buts.

Voici les questions que j'ai posées à Jason pour l'aider à passer de cet état d'impossibilité à atteindre ses objectifs à une ouverture vers des possibilités.

- Beaucoup de choses peuvent-elles arriver dans les prochains jours ?
- Beaucoup de choses peuvent-elles arriver dans les prochaines semaines ?
- Beaucoup de choses peuvent-elles arriver dans les prochains 30 jours ?

Euphorique, Jason répondit « oui » à toutes ces questions. Au moment où je rappelai à Jason que « Beaucoup de choses peuvent arriver, » je vis son soulagement. Cette expérience lui rappela aussi toutes les fois où beaucoup de choses s'étaient passées même lorsqu'il en doutait. En utilisant cette phrase de permission, Jason a changé sa vibration. Il est passé d'un manque d'abondance, ou d'une vibration négative, à une vibration positive.

À partir de maintenant, dès que vous remarquerez un manque de résultats, concentrez-vous sur la possibilité que « Beaucoup de choses peuvent arriver ».

Outil 7 : Demandez des informations

Il arrive fréquemment qu'après avoir défini nos désirs et nous être enthousiasmés à l'idée de les attirer, le doute surgisse et entrave la Loi de l'Attraction dans son action de réalisation. Vous pourriez, par exemple, douter d'avoir une base de données "Clients" importante, même si tel est votre désir. En revanche, vous pourriez désirer attirer des informations qui vous aideront à atteindre ce but. Essayez. Si vous vous sentez plus optimiste après cette demande d'informations, de ce fait vous aurez réussi à amenuiser vos doutes et laissé le champ libre à la Loi de l'Attraction pour se consacrer plus rapidement à la réalisation de vos désirs.

Exemple : J'aimerais attirer des informations pour savoir par où commencer pour réaliser mon nouveau désir.

- J'aimerais commencer d'attirer des informations concernant mon désir pour me lancer.
- J'aimerais que la LOI DE L'ATTRACTION m'apporte quelques informations créatives sur la façon de manifester mon désir.
- J'aimerais attirer des informations et des idées sur d'autres façons de générer des affaires.
- J'aimerais des informations pour savoir où diffuser ma nouvelle activité.

Nous offrons moins de résistance aux informations ; elles arrivent donc rapidement, n'étant pas court-circuitées par des vibrations négatives. Une des meilleures techniques pour écarter le doute est celle que j'ai utilisée pour la situation financière de Greg. Même après avoir accompli le processus en 3 étapes, il ressentait toujours des doutes sur la possibilité d'obtenir ce qu'il voulait.

J'ai demandé à Greg de faire le premier pas. C'est-à-dire, de demander et d'accepter toute information qui conviendrait à son désir de recevoir plus d'argent. Il fut instantanément emballé et s'exclama :

« Oh, quel beau début ! Je peux attirer des informations sur ce que je dois faire pour attirer davantage d'argent. C'est ce dont j'ai besoin. Ca, oui, je peux LE faire ! »

Outil 8 : Faites-vous une boîte d'attraction

Une boîte d'attraction est utilisée pour recueillir les choses représentant votre désir : des photos découpées dans des magazines ou des journaux, des brochures des voyages que vous envisagez de faire ou même des cartes de visite de personnes avec qui vous souhaitez travailler.

Choisissez ce qui vous plaît pour en faire votre boîte d'attraction, ça peut aller d'une simple boîte à chaussures à quelque chose de plus recherché comme un coffre au trésor.

Chaque fois que vous déposerez quelque chose dans votre boîte d'attraction, en fait vous offrirez de l'espoir à un niveau vibratoire ; or, l'espoir est une vibration positive. Au lieu de jeter les catalogues et les prospectus en disant : « Je ne peux pas me l'offrir » ou « Je ne pourrai jamais avoir une de ces choses », à présent, Permettez-le. Faites-le car ce n'est pas à vous de déterminer où et quand votre désir va se concrétiser. Mettez-le simplement dans votre boîte d'attraction et laissez la Loi de l'Attraction s'en charger.

Outil 9 : Créez un vide ou libérez un espace

Un vide ou un espace attend toujours d'être rempli.

Disons par exemple que vous recherchez plus de clients. En faisant de la place dans votre classeur pour ces nouveaux clients, en allant même jusqu'à inscrire sur des dossiers de classement vides des mentions, telles que : « Prochains nouveaux clients », vous permettez deux choses : vous signifiez l'intention que vous souhaitez attirer de nouveaux clients et créez également un vide à remplir. Des expressions telles que : « J'attends de nouveaux clients, » ou « Je n'ai que quelques clients » peuvent être reformulées par « J'ai de la place et de l'espace pour une nouvelle clientèle ». Entendez-vous l'accent plus optimiste de cette nouvelle phrase ? Vous sentez-vous mieux ?

Certains vides peuvent être créés intentionnellement. Par exemple, prenez votre emploi du temps et inscrivez dans votre agenda : « Nouveau client ici », ou « Un nouveau rendez-vous se place ici » ou encore, « Des ventes ont lieu là ». À présent, vous avez créé le vide et l'intention d'attirer ces événements. En consultant votre agenda, vous vous souviendrez de votre intention, de ce que vous voulez attirer à ces plages horaires, et lui accorderez ainsi plus d'attention, d'énergie et d'intérêt.

L'autre type d'espace n'est pas intentionnel. Il se libère lors de l'annulation d'un client. Lorsqu'un client annule, la plupart des gens se plaignent ou s'inquiètent de cette annulation. Ils se fixent trop longtemps sur cette annulation et lui accordent une attention négative. Vous pouvez changer cette vibration en disant : « Je viens de libérer un espace pour attirer un nouveau client », ou « Je viens de libérer plus de place pour un autre projet dans mon activité ».

Nous parlons bien là de permission !

Outil 10 : Laissez la Loi de l'Attraction se charger des moyens

Vous pouvez parfois vous sentir un peu submergé en pensant à votre désir et à tout ce que vous avez besoin de faire pour l'obtenir. Il n'y a pas de quoi, car c'est la Loi de l'Attraction qui se charge des résultats.

Au moment même où vous vous surprenez à dire :

- Je ne sais pas comment résoudre cela.
- Je ne sais pas où regarder.
- Je ne sais pas comment trouver cette information.
- Je ne sais pas que faire ensuite.
- J'ai des problèmes pour trouver cela.
- Je ne peux pas le résoudre.

Arrêtez ! Dites-vous plutôt : « Ce n'est pas mon travail. Je vais laisser à la Loi de l'Attraction le soin de s'en charger ».

Cette leçon fut d'un grand secours pour une cliente et amie, Andria. Lorsqu'elle voulut lancer pour la première fois sa propre affaire, elle utilisa la Loi de l'Attraction pour attirer son activité idéale. À l'aide du processus en 3 étapes, Andria en découvrit une qui lui plaisait beaucoup car elle lui permettait de faire les magasins tous les jours. Elle utilisa également la Loi de l'Attraction pour trouver un financement et l'endroit parfait pour son activité de dépôt-vente de vêtements. À chaque étape, dès qu'une question difficile se présentait et qu'Andria s'inquiétait des détails, je lui disais : « Ce n'est pas ton travail. Laisse la Loi de l'Attraction trouver les solutions. ».

Bien que la Loi de l'Attraction prît soin des grandes lignes, Andria devait continuer à s'occuper du suivi. Par exemple, après avoir trouvé le nom du parfait banquier, il lui restait à prendre rendez-vous avec lui pour le rencontrer et trouver un accord pour le financement de son magasin.

Vient un moment où vous devez passer à l'action. En laissant la Loi de l'Attraction se charger des moyens et en commençant d'obtenir des résultats alignés sur votre désir, vous pouvez alors décider à quel moment passer à l'action.

Votre travail
ne consiste pas
à essayer intellectuellement
de trouver des moyens,
mais de laisser
la Loi de l'Attraction s'en charger.

Synthèse de l'étape 3 : Permettez-le

Vous avez terminé la 3ème étape de l'Attraction Délibérée : permettre

Voici ce que nous avons traité dans cette section :

- Permettre : cette 3ème étape du Processus d'Attraction Délibérée est la plus importante
- Permettre nécessite l'absence du doute
- Le doute contient une vibration négative
- La vibration négative du doute annule celle positive du désir
- Une croyance limitative est une pensée récurrente
- Lorsque vous dites : « Je ne peux pas parce que… », vous découvrez une croyance limitative
- Trouver des preuves vous aide à éliminer le doute
- Trouver des témoignages d'autres personnes qui ont ou font ce que vous souhaitez avoir ou faire, vous aide à supprimer le doute
- Le but des outils de permission est de vous aider à éliminer le doute
- **10 outils de permission :**
  - Fêtez la preuve
  - Consignez les preuves de la Loi de l'Attraction
  - L'appréciation et la gratitude
  - Utilisez l'expression : « Je suis en train de… »
  - Utilisez l'expression : « J'ai décidé… »
  - Utilisez l'expression : « Beaucoup de choses peuvent arriver… »
  - Demandez des informations
  - Faites-vous une boîte d'attraction
  - Créez un vide ou libérez un espace
  - Laissez la Loi de l'Attraction se charger des moyens

Tout assembler

À présent que vous avez appris à utiliser la Loi de l'Attraction pour obtenir davantage ce que vous souhaitez que ce que vous ne souhaitez pas, vous pouvez commencer à utiliser tout de suite les outils de ce livre.

Les fiches de travail pour l'étape 1, 2 et 3 et celles en bonus sont disponibles en ligne gratuitement.

Visitez le site : www.loidelattractionformation.com/fiche.html

Au-delà de la formule en 3 étapes

- Allez vers plus d'abondance et attirez plus d'argent
- Les relations et votre vibration
- Parents et enseignants : Apprenez à enseigner la Loi de l'Attraction aux enfants

L'abondance est un sentiment. Pensez à inclure de façon délibérée ce sentiment d'abondance dans votre vibration – votre Bulle Vibratoire.

Allez vers plus d'abondance et attirez plus d'argent

Jusqu'ici vous avez appris que tous les sentiments émettaient une vibration, positive ou négative. L'abondance est un sentiment et ça, c'est une BONNE nouvelle. Pourquoi ? Parce que tous les sentiments peuvent être reproduits ! L'abondance est un sentiment et ce sentiment correspond à une vibration que vous pouvez démultiplier. Dans bien des cas, les personnes reproduisent le sentiment de manque, de tristesse ou de désespoir simplement par les pensées et les mots qu'ils emploient. Étant donné que vous pouvez générer des sentiments par vos mots et pensées, vous pouvez apprendre à reproduire les sentiments d'abondance plus intentionnellement en modifiant la façon d'utiliser votre vocabulaire et vos pensées.

La Loi de l'Attraction ne sait pas si vous générez une pensée par le souvenir, la simulation, la création, la visualisation ou le songe. Elle répond simplement à votre vibration du moment et vous ne pouvez envoyer qu'une seule vibration à la fois ! En créant la vibration d'abondance plus délibérément et plus fréquemment, vous l'incluez plus souvent dans votre Bulle Vibratoire et augmentez l'abondance dans votre vie.

Votre objectif consiste à inclure la vibration d'abondance dans votre Bulle Vibratoire aussi souvent et aussi longtemps que possible. La bonne nouvelle, c'est qu'il est facile de reproduire cette vibration. Vous recevez peut-être tous les jours les signes que l'abondance se manifeste, sans le remarquer, l'évoquer, encore moins le fêter. De ce fait, vous ne l'ajoutez pas à votre Bulle Vibratoire.

Dressez une liste de toutes les sources et ressources d'où l'argent et l'abondance peuvent provenir. La plupart des personnes, lorsqu'on leur demande : « Comment pourriez-vous obtenir davantage d'argent ? », répondent en disant qu'elles pourraient travailler plus d'heures ou trouver un emploi à mi-temps. La croyance pour ces personnes qu'il s'agit là de la seule manière d'augmenter leur abondance est une croyance limitative. L'abondance a bien d'autres façons de se manifester dans votre vie.

Dans les pages suivantes, vous trouverez une liste incomplète de sources qui peuvent être jugées comme abondants. En d'autres termes, lorsque nous vivons des situations de cette liste, nous ressentons en nous ce sentiment d'abondance.

Vous pourrez aussi remarquer que dans bien des cas, ce sentiment d'abondance n'est pas toujours lié à l'argent.

Domaines d'abondance (exemples)

- Quelqu'un vous invite à déjeuner, à petit-déjeuner ou à dîner
- On vous donne un conseil ou on vous coache gratuitement
- Vous recevez des cadeaux
- On vous offre le transport ou l'hébergement
- On vous offre votre second café
- Quelqu'un vous donne un prix
- Vous achetez quelque chose à prix réduit ou en soldes
- Vous arrivez à utiliser vos points cadeaux en avion
- Vous gagnez des billets d'entrée
- Vous négociez ou troquez avec quelqu'un
- Vous vendez vos produits ou services
- (Ajoutez vos autres sources personnelles…)

Autres sources d'abondance

....

....

....

....

....

....

....

....

....

....

Outils pour inclure la vibration d'abondance à votre Bulle Vibratoire

Outil 1 : Consignez les preuves que vous vivez l'abondance

Tenez un journal quotidien de toutes vos sources d'abondance. Ceci vous aidera considérablement à vous rendre compte de toutes les fois où l'abondance se manifeste dans votre vie. La tenue de ce journal quotidien réunit des preuves (évidences) concrètes que l'abondance existe vraiment et qu'elle est déjà présente dans votre vie. Fêtez-la ! Lorsque vous constatez sa présence, fêtez-en les témoignages ; et en la célébrant, sachez que vous offrez la vibration positive d'abondance. Souvenez-vous qu'à chaque instant, y compris en ce moment même, la Loi de l'Attraction répond à la vibration que vous donnez en la renforçant. Tenir ce journal vous encourage à passer davantage de temps à célébrer votre abondance, et ainsi à l'inclure plus fréquemment dans votre Bulle Vibratoire.

Voici un exemple d'enregistrement quotidien dans un journal pour suivre l'action de l'*abondance*

Je vis dans l'abondance. Aujourd'hui j'ai attiré l'abondance quand :

- Un ami m'a payé le déjeuner
- Durant le déjeuner, on m'a offert gratuitement une demi-heure de coaching
- J'ai eu un aller-retour gratuit pour l'aéroport
- J'ai reçu un chèque d'un client
- J'ai reçu un courriel de remerciement
- J'ai fait une bonne affaire en achetant mes nouvelles lunettes
- Autres……..

Entretenez votre propre journal quotidien. Faites cet exercice pendant les sept prochains jours et vous vous surprendrez à dire : « Je vis dans l'abondance ! Cette semaine, j'ai attiré des témoignages d'abondance chaque jour », ou « Je vis dans l'abondance ! J'ai attiré des conseils gratuits d'une valeur de 100 euros ces sept derniers jours ». Dans l'idéal, il serait bien de continuer à le pratiquer même après ces sept jours.

Offrez votre vibration d'abondance plus délibérément et la Loi de l'Attraction vous en donnera davantage.

Utilisez la fiche de travail à la page suivante pour commencer aujourd'hui à tenir votre Journal des Preuves d'Abondance.

Journal des Preuves d'Abondance

Je vis dans l'abondance. Aujourd'hui, j'ai attiré…	Date :

Je vis dans l'abondance. Aujourd'hui, j'ai attiré…	Date :

Je vis dans l'abondance. Aujourd'hui, j'ai attiré…	Date :

Je vis dans l'abondance. Aujourd'hui, j'ai attiré…	Date :

Pour des exemplaires supplémentaires de cette fiche de travail, allez sur le site : www.loidelattractionformation.com/fiche.html

Outil 2 : Dites toujours oui à l'argent

Beaucoup de personnes se sentent mises au défi de dire oui si quelqu'un propose de leur payer à déjeuner ou de leur acheter un cadeau ou veut simplement leur donner de l'argent. Beaucoup de personnes, lorsqu'on veut leur offrir à déjeuner répondent : « Non, c'est bon, tu n'es pas obligé » ou : « Oh, non, je paie ma part. Tu n'as pas à m'offrir le repas », ou encore : « Oh, non je ne peux pas accepter ! ». Cela vous parle-t-il ou vous rappelle-t-il quelqu'un que vous connaissez ?

Dans toutes ces déclarations, la résistance à recevoir de l'argent est perceptible. La nouvelle personne que vous êtes va, toutefois, apprendre à dire : « Merci, c'est gentil ! », et vous commencerez à vous sentir à l'aise avec cette situation. Vous pourrez vous sentir gêné au début, mais en continuant à accepter, ça deviendra plus facile et vous sentirez votre résistance s'évanouir. Ceci en retour vous permettra de mieux accepter l'arrivée de plus d'argent. Commencez à dire oui à l'argent aujourd'hui !

Outil 3 : Gardez vos chèques

Voulez-vous élever votre vibration lorsqu'il s'agit de recevoir plus d'argent ? Alors, n'encaissez pas de suite les chèques que vous recevez.

Au lieu d'encaisser un chèque le jour même où vous le recevez, le garder et l'avoir sous les yeux pendant un jour ou deux, générera une valeur vibratoire plus forte. Chaque fois que vous regarderez ce chèque, vous ressentirez un sursaut d'enthousiasme qui sera offert à la Loi de l'Attraction.

Souvenez-vous que chaque fois que vous ressentez cette joyeuse excitation, vous en incorporez tout de suite la vibration dans votre Bulle Vibratoire. Lorsque vous remarquez que quelque chose vous enthousiasme concernant l'argent, continuez de le faire. La Loi de l'Attraction répond toujours.

Synthèse : Être dans l'Abondance et Attirer davantage d'argent

Voici ce que nous avons traité dans cette section

- Inclure plus délibérément le sentiment d'abondance dans votre vibration courante
- Devenir conscient de nombreuses et différentes sources d'abondance
- Noter les preuves d'abondance augmente votre attention envers la vibration d'abondance
- Votre travail consiste à inclure la vibration d'abondance aussi souvent que possible dans votre Bulle Vibratoire
- Fêtez l'instant où vous remarquez que vous avez attiré l'abondance
- **Trois outils pour vous aider à attirer l'abondance de façon plus délibérée :**
  - Consignez les preuves que vous vivez l'abondance
  - Dites toujours oui à l'argent
  - Gardez vos chèques

Les relations et votre vibration

Avez-vous remarqué que parfois en rencontrant certaines personnes, vous pouvez dire en seulement quelques secondes : « Je n'aime pas leur énergie » ? D'autres fois, vous rencontrez des gens avec qui vous vous sentez de suite en affinité, et de vous entendre dire : « Il n'y a pas de doute, j'aime ce que ces personnes dégagent ». Ce genre d'expériences montre que vous avez déjà capté l'énergie ou les vibrations de ces personnes.

Si on pouvait mesurer votre vibration sur une échelle de 1 à 100, 100 serait une vibration très élevée et 1 une vibration très basse, où serait la vôtre ?

Imaginez le cadran d'une radio dont les stations vont de 0 à 100. Toutes les stations entre 0 et 50 ont des émissions négatives et celles allant de 50 à 100 ont des émissions positives.

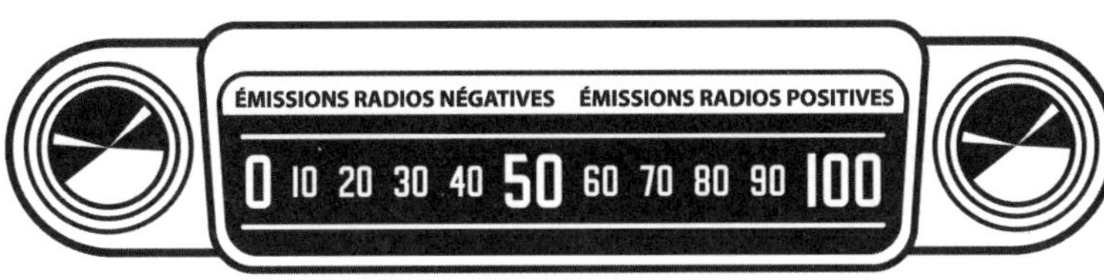

Vos vibrations sont similaires à celles de fréquences radio. Lorsque vous vous sentez vraiment bien et que tout va bien dans votre vie, les choses viennent à vous facilement et toutes vos relations sont positives. Nous pourrions dire que votre vibration est aussi élevée que 98.5 sur le cadran de la radio.

Comment savoir que vous êtes sur 98.5 ? Vous pouvez l'affirmer par la manière dont vous vous sentez. Vous pouvez voir sur le dessin et par ce que vous ressentez que votre vibration est élevée et qu'il y a peu ou pas de vibration négative autour de vous. Lorsqu'il y a peu ou pas de vibration négative autour de vous, alors tout vient à vous

La distance qui sépare votre vibration de celle de quelqu'un d'autre est égale à la quantité de résistance (négativité) que vous éprouvez en sa présence.

beaucoup plus vite. Vous commencez d'attirer des relations de vibrations similaires. Certains d'entre vous pourront également remarquer qu'en vous déplaçant sur le cadran (en élevant votre vibration), vous commencez d'attirer dans tous les domaines de votre vie des personnes ayant la même qualité vibratoire et la même disposition.

D'autre part, certains d'entre vous peuvent avoir l'habitude de dire que « la négativité nourrit la négativité ». La plupart d'entre nous fréquente des personnes dans leur vie qui ne sont pas sur 98.5 au moment où nous y sommes. Remémorez-vous un moment de votre vie où votre vibration était élevée. Vous vivez alors un moment merveilleux suivi d'un autre et vous aimez tout dans votre vie. Puis, votre téléphone sonne. Vous regardez le numéro d'appel qui s'affiche et vous voyez qu'il s'agit de quelqu'un qui a une vibration bien plus basse que la vôtre. Le seul fait de voir son nom fait baisser votre vibration. Appelons cette personne votre *Nelly négative.*

Votre *Nelly négative*

Certaines personnes demanderont : « Comment puis-je quand même attirer une *Nelly négative* si j'ai une vibration aussi élevée ? ». La réponse est simple. Vous ne l'avez pas forcément attirée par choix. La *Nelly négative* peut être par exemple, votre associé, collègue de travail, confrère, enfant, parent ou voisin.

Disons par exemple que la vibration de cette *Nelly négative* est constamment basse, à la station 30.1 et que votre vibration est sur 98.5. En regardant les stations radio ci-dessous, vous pouvez voir la distance qui sépare votre vibration de celle de la *Nelly négative.* La distance entre votre vibration et celle d'une autre personne est égale à la quantité de résistance (négativité) que vous éprouvez en sa présence (ou en discutant avec elle).

Par le passé, vous avez pu dire : « Ah, cette *Nelly négative* me fait déprimer ». La vérité est que cette *Nelly négative* ne vous a pas déprimé. Vous êtes simplement descendu sur votre cadran (vibration) pour lui correspondre.

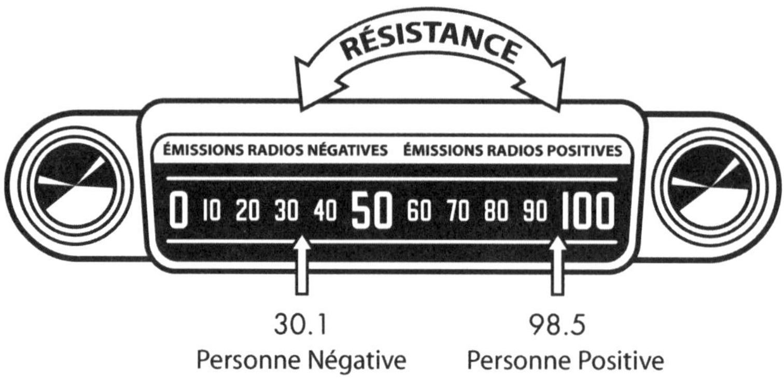

Comment GARDER votre vibration positive

Que pouvez-vous faire à l'avenir pour maintenir votre vibration sur 98.5 tout en parlant avec des personnes dont la vibration est bien plus basse ? Tout comme vous pouvez choisir une station (vibration) sur votre autoradio, vous pouvez également avoir une vibration élevée et y rester, malgré la *Nelly négative* présente dans votre vie. Voici comment.

La prochaine fois que votre *Nelly négative* vous appelle et commence à vous parler de la tristesse de sa vie, du fait qu'elle n'aime pas son travail, qu'elle n'a pas assez d'argent ou une relation satisfaisante, deux possibilités se présentent à vous :

Choix 1 : Vous pouvez adhérer à cette conversation, ce qui alors abaissera votre vibration pour vous accorder à la sienne…

Ou

Choix 2 : Lorsque vous l'entendez dire ce qu'elle ne veut pas, vous pouvez simplement lui demander « Alors, que voulez-vous ? »

Rappelez-vous que lorsqu'une *Nelly négative* passe de ce qu'elle ne veut pas à ce qu'elle veut, ces mots changent et quand les mots changent, les vibrations changent. Elle présentera désormais une nouvelle vibration plus élevée qui se rapprochera de la vôtre pour y correspondre. Plus ses vibrations se rapprocheront des vôtres, plus vos vibrations seront harmonieuses.

À présent, vous comprenez que lorsque vous rencontrez quelqu'un et que cette personne vous touche et que vous vous dites : « Ca a vraiment fait tilt avec cette personne. Nous sommes sur la même longueur d'onde », vous signifiez vraiment que vos vibrations sont en harmonie. Lorsque vous rencontrez quelqu'un et qu'avant même de connaître son nom, vous vous surprenez à dire : « Oh, je n'aime pas sa vibration. Ca ne me correspond pas », ceci vous indique que vos vibrations ne s'harmonisent pas.

Votre travail consiste à vous occuper de votre vibration et à orienter toute conversation que vous aurez afin qu'elle soit plus gratifiante et positive. Faites-le en vous souvenant de lui poser cette question avec bienveillance : « Alors, que voulez-vous ? ». Vous l'aidez ainsi à atteindre une vibration plus positive et donc plus élevée.

L'attraction de votre relation idéale

J'utilise ici, le mot « relation » pour indiquer différentes sortes de relations. Il peut représenter la relation idéale avec un ami, vos relations commerciales, vos relations avec vos enfants, vos parents, vos voisins, vos collègues de travail, vos étudiants ou clients.

Maintenant, nous commencerons d'utiliser la formule en 3 étapes de la Loi de l'Attraction pour apprendre à attirer votre relation idéale.

Rappel : Le contraste que vous avez expérimenté dans le passé sera d'un grand secours pour l'avenir.

Savoir ce que vous n'avez pas aimé chez un ancien ami ou à votre dernier rendez-vous est très utile. Vous pouvez utiliser ces informations pour vous aider à clarifier le type d'ami que vous souhaitez. Par exemple, si vous ne voulez pas de quelqu'un qui travaille trop, que voulez-vous ? Si vous ne voulez pas d'une personne qui manque d'audace, que voulez-vous ? Si vous ne voulez pas quelqu'un que la danse n'intéresse pas, qui n'est pas romantique ou qui ne sait pas écouter, etc., que voulez-vous ?

En comprenant ce que vous ne voulez pas, vous générez davantage de clarté sur ce que vous souhaitez et cette clarté devient votre nouveau et clair désir ! La meilleure façon de s'y prendre consiste à vous poser la question : « Alors, qu'est-ce que je veux ? ». C'est aussi simple qu'il y paraît ! En faisant passer votre observation de ce que vous ne voulez pas à ce que vous voulez, votre vibration change. En modifiant votre vibration, les résultats changent ! Remarquez également comment vous vous sentez lorsque vous clarifiez un point. Ça fait du bien de dire : « Oh, c'est exactement ce que j'aimerais ! ». Cette nouvelle clarté est devenue à présent votre désir et il s'agit bien là de la première étape pour manifester votre relation idéale.

Si la vibration que vous offrez n'est pas vraiment en adéquation avec ce que vous voulez, alors la Loi de l'Attraction ne pourra pas y répondre. En d'autres termes, vous dites que vous souhaitez CE genre de personne, mais la vibration que vous envoyez est différente de votre désir. Une façon de vérifier quelle vibration vous envoyez consiste à observer ce que vous RECEVEZ dans votre vie. C'est toujours en parfaite correspondance avec ce que vous proposez vibratoirement.

La plupart des gens, au cours du processus d'attraction de leur relation idéale, passent souvent du temps à remarquer qu'ils n'ont PAS attiré exactement ce qu'ils souhaitaient. Cette constatation provoque l'envoi d'une vibration de manque (négative). Arrêtez de remarquer ce que vous n'attirez PAS et vous cesserez de lui donner de l'attention, de l'énergie et de l'intérêt. Votre travail consiste à rechercher les éléments ou les caractéristiques d'une relation actuelle ou future qui CORRESPONDENT à ceux et celles de la liste de votre désir et de leur accorder de l'attention ! Votre vibration changera et la Loi de l'Attraction vous apportera plus de cette qualité de vibration !

Astuces pour attirer votre relation idéale

Astuce 1 : Ne dites à personne que votre rendez-vous a été un fiasco !

N'envoyez pas de courriels à vos amis à ce propos ! Ne parlez pas de cela avec vos copines ! Ne l'écrivez pas dans votre journal ! Souvenez-vous que la Loi de l'Attraction ne sait pas si vous vous remémorez quelque chose, vous en plaignez ou vous inquiétez. La Loi de l'Attraction vous apportera toujours plus de ce qui retient votre attention !

Astuce 2 : Dressez votre liste de contrastes

Rentrez chez vous après votre rendez-vous. Dressez une liste de tout ce qui vous a déplu. Changez ensuite chaque élément de contraste de votre liste en quelque chose que vous voulez vraiment.

Astuce 3 : Passez à quelqu'un d'autre si vous ne ressentez pas la personne

Si vous ne vous sentez pas bien au premier rendez-vous, comme ça ne s'arrange généralement, passez au prochain rendez-vous en complétant chaque fois votre liste de clarté.

Astuce 4 : Dites en quoi la personne vous correspond

Passez du temps à parler de ce qui coïncide, à écrire à ce sujet et à y songer. Accordez plus d'attention, d'énergie et d'intérêt à ce que vous aimez.

Synthèse : Les relations et votre vibration

Voici ce que nous avons traité dans cette section

- À chaque instant vous envoyez une vibration, positive ou négative
- Lorsque votre vibration est élevée et que votre interlocuteur en possède une plus basse, vous ressentez de la résistance (vibration négative)
- Pour vous aider à maintenir une vibration élevée à côté de personnes d'une vibration plus basse qui se plaignent ou parlent de ce qu'elles ne veulent pas, demandez-leur : « Alors, que voulez-vous ? »
- Utilisez le Processus d'Attraction Délibérée pour attirer votre relation idéale
- **Quatre astuces pour l'attraction de votre relation idéale :**
  - Ne dites à personne que votre rendez-vous a été un fiasco
  - Dressez une liste de contrastes
  - Passez à quelqu'un d'autre si vous ne ressentez pas la personne
  - Dites en quoi la personne vous correspond

Parents et enseignants : Apprenez comment enseigner la Loi de l'Attraction aux enfants

Imaginez que dans chaque famille ou chaque classe on pratique la Loi de l'Attraction. Cette section est consacrée à des informations, des outils et des jeux amusants qui vous aideront à enseigner facilement le message de la Loi de l'Attraction aux enfants.

Quand on enseigne les adultes, l'usage de mots comme « manifestation », « vibrations », « synchronicité », « fortuit » et « coïncidence » est courant. Lorsque vous apprenez la Loi de l'Attraction aux enfants, il est important de se mettre à leur niveau pour leur parler et d'utiliser des mots auxquels ils peuvent s'identifier.

Astuce 1 : Utilisez un langage simple

Au lieu d'utiliser le mot vibration, utilisez sentiment.

Récemment, quand il m'a été demandé d'intervenir dans une classe d'enfants de dix ans, j'ai décidé de commencer ma présentation en utilisant un mot auquel ils pouvaient s'identifier. Je leur posai la question : « Pouvez-vous me donner des exemples de sentiments négatifs ? ». J'utilisai le mot sentiment au lieu de vibration. Les élèves ont rapidement levé la main. Voici quelques exemples que nous avons partagés :

- Lorsque ma maman n'a pas bu son café, elle a un sentiment négatif
- Lorsque mes parents se disputent, je peux ressentir leurs sentiments négatifs.
- Lorsque je vois une bagarre à l'école, je ressens qu'il y a des sentiments négatifs.
- Être dans un immeuble effrayant et sombre me donne un sentiment négatif.

Ces enfants savaient clairement ce qu'était un sentiment négatif et ils convenaient qu'il n'était pas agréable d'être entourés de personnes qui ont des sentiments négatifs ou de les ressentir soi-même.

Astuce 2 : Faites « acquérir » et « reconnaître » un nouveau concept aux enfants en leur posant des questions qui feront appel à *leur propre expérience* pour y répondre.

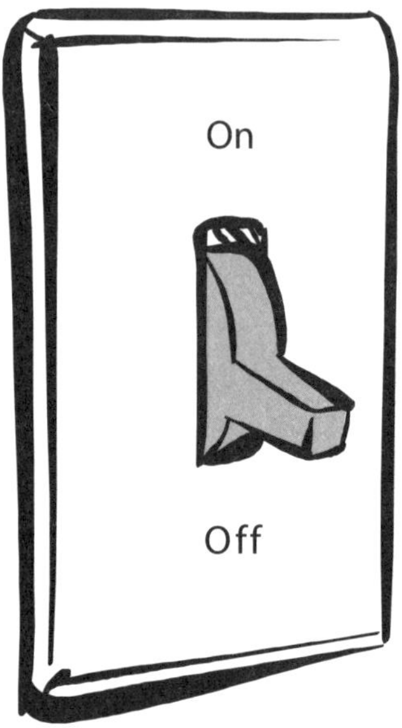

J'ai utilisé ensuite l'image de l'interrupteur dessiné au tableau, en leur montrant la position « Allumé/On » et « Éteint/Off ». « Allumé » signifie que vous avez des sentiments (énergies) positifs et « Éteint » signifiant que vous avez éteint vos sentiments (énergies) positifs et que vous les avez remplacés par des négatifs. Les élèves ont reconnu que l'on se sentait mieux en ayant des sentiments positifs plutôt que négatifs. Je leur ai demandé s'ils voulaient que je leur apprenne à changer leurs sentiments négatifs en positifs. Ils ont répondu « oui » avec enthousiasme.

Je leur ai demandé d'écrire en majuscules ces trois mots dans leurs cahiers : **NON, PAS** et **NE… PAS**. Je leur ai ensuite expliqué que l'emploi de ces mots provoquait une émotion négative. Je leur ai demandé de me donner des exemples de l'emploi de ces mots dans leur vie de tous les jours. Soyez assuré qu'ils m'ont donné une belle liste. Voici quelques exemples :

- Ne sois pas en retard
- Ne salis pas tes vêtements
- Ne cours pas dans les couloirs
- Ne laisse pas ton manteau par terre
- Pas de bagarre
- Pas de ballon dans la maison
- Ne mange pas ou ne bois pas à côté de l'ordinateur

Après avoir dressé la liste de tous ces exemples au tableau, je leur ai suggéré que nous les lisions ensemble à haute voix. Ils ont tous convenu que le simple fait d'énoncer cette liste à voix haute, suscitait un sentiment négatif. Autrement dit, ma démonstration était concluante et ils ont approuvé. En procédant ainsi, j'avais pointé le problème pour pouvoir leur donner ensuite une solution.

Astuce 3 : Les enfants adorent les secrets.

En choisissant à nouveau soigneusement mon vocabulaire, je leur ai dit que j'allais leur enseigner un truc "secret" pour passer d'un sentiment négatif à un positif en appuyant sur l'interrupteur. J'ai choisi intentionnellement le mot « secret » car je savais qu'ainsi ils y feraient plus particulièrement attention et voudraient vraiment s'en rappeler. Ils ont adoré quand je leur ai révélé que ce "secret", très peu de grandes personnes le connaissaient, et qu'avec lui ils passeraient sans problème d'une énergie négative à une positive.

Les élèves ont appris que le secret pour intervertir leurs énergies consistait à se poser une question toute simple. Chaque fois qu'ils s'entendaient dire non, pas et ne… pas, ils devaient se demander « Alors, qu'est-ce que je veux ? ». La révision de la liste de leur « non, pas et ne… pas » nous a conduits à une liste de « Alors, qu'est-ce que je veux ? ». Ils se montrèrent tous impatients de partager leurs réponses à cette question "secrète".

Les « Non, pas et ne… pas »	Alors qu'est-ce que je veux ?
Ne sois pas en retard	Arrive à l'heure
Ne salis pas tes affaires	Garde tes vêtements propres
Ne cours pas dans les couloirs	Marche dans les couloirs
Ne laisse pas ton manteau par terre	Suspend ton manteau
Pas de bagarre	Joue gentiment
Pas de ballon dans la maison	Joue au ballon dehors
Ne mange pas ou ne bois pas à côté de l'ordinateur	Mange ou bois à table

En revoyant la liste avec les élèves, tous étaient d'accord pour dire qu'ils se sentaient mieux en disant ce qu'ils voulaient plutôt que ce qu'ils ne voulaient pas.

En appliquant les astuces 1, 2 et 3, ces élèves ont saisi l'ensemble du concept pour changer facilement et rapidement leur vibration de négative en positive !

Je savais qu'en rentrant à la maison, les enfants seraient enthousiastes et impatients de partager ce message avec leurs parents et amis. Alors à nouveau, je leur ai rappelé qu'ils détenaient un secret et qu'afin de lui garder sa spécificité, ils devaient en parler aux autres avec circonspection. De cette façon, la prochaine fois que leurs parents, frères et sœurs ou amis utiliseraient les mots comme non, pas et ne… pas, ils pourraient gentiment poser la question secrète : « Alors, que veux-tu ? »

Outils pour enseigner la Loi de l'Attraction aux enfants

Outil 1 : Le jeu du tableau magnétique

Le jeu du tableau magnétique avec les non, pas et ne… pas est un jeu facile à instaurer en famille ou dans de petits groupes d'enfants. Préparez un tableau magnétique (ou quelque chose de similaire) en écrivant en haut les noms de chaque membre de la famille ou du groupe. Pour atteindre l'objectif de ce jeu vous devez, à l'aide d'aimants, gagner et garder le plus d'aimants possibles au-dessous de votre nom à chaque fin de semaine. Au début, chaque joueur reçoit cinq aimants. Chaque fois qu'un membre entend un des autres utiliser les mots non, pas et ne… pas ; il reçoit un aimant de la part du joueur qui les a employés. Mettez-vous d'accord sur une récompense à remettre au gagnant en fin de semaine et continuez de vous amuser. Affichez votre tableau magnétique dans un endroit central. En famille, l'endroit idéal serait près de la table de la cuisine ou sur la porte du frigo afin de s'y référer souvent. Comme c'est un jeu amusant, parents et enseignants, vous pouvez y jouer aussi !

Outil 2 : L'affiche de l'interrupteur

Cette affiche est une aide visuelle utile pour les enfants plus jeunes. Utilisez-la pour les aider à comprendre la différence entre une émotion (sentiment, énergie) négative ou positive. J'ai rajouté l'illustration suivante pour vous servir de guide.

D'abord, ensemble avec l'enfant, dressez une liste de mots qui représentent des émotions positives et négatives. Faites-vous aider de l'enfant pour placer les mots décrivant une émotion positive sous la position « ALLUMÉ » de l'affiche de l'interrupteur. Faites de même pour les mots décrivant des émotions négatives, en les plaçant sous

Sentiments positifs
Amour, enthousiasme,
joie, plaisir, sécurité
Sentiments négatifs
Abandon, solitude
Peur, colère, tristesse

la position « ÉTEINT ». En tant que parent ou enseignant, chaque fois que vous remarquez qu'un enfant exprime une émotion, utilisez l'affiche et faites-lui trouver cette émotion sur l'affiche sous la position « ALLUMÉ » ou « ÉTEINT ». Cette affiche vous aidera à renforcer leur compréhension entre les énergies positives et négatives. Placez-la à un endroit en vue pour pouvoir vous y référer souvent.

Outil 3 : Rappel de la question secrète

Le but de cet outil est d'aider les enfants à se souvenir de la question secrète dès qu'ils utilisent les mots non, pas et ne... pas. À l'aide d'un large bracelet élastique ou au centre d'un médaillon, écrivez "secret" pour votre enfant. Désormais, l'enfant pourra le porter comme un outil pour l'aider à se rappeler de se poser la question : « Alors, qu'est-ce que je veux ? ».

Outil 4 : Réunion de groupe ou de famille

Pour les enfants plus âgés ou les adolescents, une réunion hebdomadaire peut être une bonne façon d'apprendre et de partager son expérience de la Loi de l'Attraction. J'ai ajouté une liste de questions que vous pouvez introduire dans vos réunions.

- As-tu remarqué que tu as réduit le nombre de fois où tu utilises les **mots non, pas** et **ne... pas** ?
- Quand t'es-tu surpris à utiliser **non, pas** et **ne... pas** ?
- Avec qui as-tu partagé ou parlé de la Loi de l'Attraction cette semaine ?
- Quelle preuve as-tu eu du fait que tu attires davantage ce que tu désires ?
- Que voudrais-tu davantage attirer cette semaine ?

Pour continuer à pratiquer la Loi de l'Attraction entre les réunions, assurez-vous que chacun ait la permission des autres pour le soutenir en demandant : « Alors, que veux-tu ? ». Demandez la permission et donnez-la. *« Ai-je ta permission de te faire remarquer chaque fois que tu utilises non, pas et ne... pas ? Je te donne la mienne pour me le faire remarquer aussi ! »*

Synthèse : Apprentissage de la Loi de l'Attraction aux enfants

Voici ce que nous avons traité dans cette section :

- Des mots simples comme sentiment et secret sont des outils d'apprentissage puissants
- Posez des questions qui renverront les enfants à des concepts issus de leur propre expérience (acquérir !)
- Utilisez des aides visuelles avec les enfants plus jeunes (l'affiche de l'interrupteur)
- Renforcez l'apprentissage avec des jeux et des récompenses
- Parents, soyez sûrs de participer
- Demandez la permission et donnez-la
- Continuez d'en faire un jeu

Tout assembler

Maintenant que vous avez appris comment utiliser la Loi de l'Attraction pour obtenir davantage ce que vous souhaitez plutôt que ce que vous ne souhaitez pas, vous pouvez commencer d'utiliser tout de suite les exercices et les outils de ce livre.

Souvenez-vous que les fiches de travail pour les étapes 1, 2 et 3 et celles en bonus sont disponibles gratuitement en ligne.

Visitez le site : www.loidelattractionformation.com/fiche.html

Reprenez souvent le livre pour être bien guidé. Vous avez également d'autres sources à disposition comme les articles de journaux, les cours par téléphone, les séminaires, mon journal informatique mensuel et mon site Internet : www. LawofAttractionBook.com

Vous avez à présent tous les outils pour laisser la Loi de l'Attraction améliorer votre vie. Je vous souhaite de la joie pure.

Michael Losier

Restez en connexion avec le message de la Loi de l'Attraction

Soutien et ressources

- Vous entourer de personnes qui pratiquent la Loi de l'Attraction vous aidera à offrir constamment une vibration positive. Mais comment trouver ces personnes ?

- L'utilisation du Processus de l'Attraction Délibérée peut être une solution. Utilisez le pouvoir de la Loi de l'Attraction pour rencontrer des personnes du même état d'esprit.

- Démarrer un groupe sur la Loi de l'Attraction dans votre ville. Découvrez plus d'infos à l'adresse suivante :

www.lawofattractionbook.com/LOAdiscussiongroup.htm,

comment accueillir votre propre groupe de discussion sur la Loi de l'Attraction.

- Lire d'autres livres dédiés à la Loi de l'Attraction. Vous trouverez une liste à :

www. LawofAttractionBook.com/resources.html

Références et lectures conseillées
(en français)

Créateurs d'avant-garde
ABRAHAM - 2006 - Ed Ariane

Ca Marche ! La réussite maintenant
Azerad-Shishido Laurence - 2006 - Ed des 3 Monts

Réfléchissez et devenez riche
Hill Napoléon - 1996 - Ed de l'Homme

La puissance de votre subconscient
Murphy Joseph - 2005 - Ed de l'Homme

La puissance de la pensée positive
Peale Vincent N. - 2006 - Marabout

ABC de la pensée créatrice
Yannick Le Cam - 2007 - Grancher

La science de l'abondance
Wattles Wallace D. - 2000 - Ed Jade

Remerciement spécial

J'ai été très motivé et inspiré par le travail d'Esther et Jerry Hicks des éditions Abraham-Hicks. C'est avec une profonde gratitude que je les remercie d'avoir donné au monde et à moi-même leur connaissance de la Loi de l'Attraction. Ma vie n'en est que plus remplie et riche.

Pour des informations complémentaires sur les éditions Abraham-Hicks, visitez le site : www.abraham-hicks.com ou composez le n° de téléphone suivant : 00 +1/ 830-755-2299.

Je dois de sincères remerciements, largement mérités, aux dizaines de milliers de personnes qui ont assisté à tous mes séminaires et à mes cours par téléphone. Je les remercie aussi pour la multitude de courriels que je reçois me racontant leurs histoires de succès personnel. Je remercie également les personnes qui m'ont appelé lors de mes émissions-débats à la radio. VOUS êtes ce qui fait fonctionner MA Loi de l'Attraction.

D'autre part, je remercie toutes les personnes qui ont été là, à mes côtés depuis le début, m'apportant leur soutien physique, émotionnel et spirituel : mon amour à vous pour toujours.

Adhésion à la bibliothèque audio en anglais

Pour le contenu de chacun de ces produits en anglais, visitez le site : www. LawofAttractioBook.com/products

Lot de 3 CD sur la Loi de l'Attraction :
Série de découverte sur le processus de l'attraction délibérée

Lot de 3 CD sur la Loi de l'Attraction :
Attirer davantage d'argent et vivez davantage dans l'abondance à l'aide de la Loi de l'Attraction

CD d'Introduction
à la Loi de l'Attraction

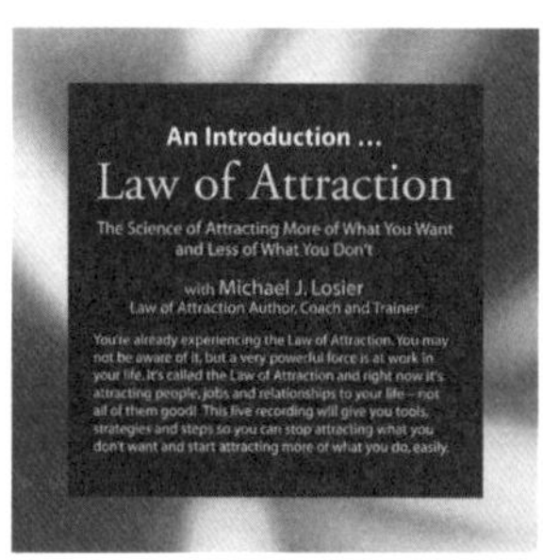

Passez votre commande de CD ou de livres en ligne ou par téléphone :

Dianne Savoy, Assistante représentante de Michael Losier
Appel gratuit pour l'Amérique du Nord : 00 +1 (877) 642-7820
Adresse de messagerie : Dianne@LawofAttractionBook.com
Heures d'ouverture : de 9.00 à 17.00 (fuseau horaire pour la côte Est de l'Amérique) du lundi au vendredi

Commandes de livre ou de CD unique et commandes pour vente en gros :
Contactez Michael Losier

Site Internet : www. LawofAttractionBook.com
Email : Michael@LawofAttractionBook.com
Bureau : 00 +1/ 877-550-9282

Ou

Contactez Claude Provost
Site internet : http://www.loidelattractionformation.com

L'auteur

Michael Losier écrit et enseigne sur un sujet qu'il connaît fort bien. Pendant des années, Michael Losier a procédé à une remise en question complète de sa vie. Bien qu'il soit prompt à affirmer qu'il a toujours eu une vie heureuse, dont une enfance sereine et une famille qui l'a toujours soutenu, il déclare clairement qu'il doit à sa découverte et à l'application de la Loi de l'Attraction un niveau de succès et d'accomplissement toujours plus grand dont il jouit en tant qu'auteur, coach et entrepreneur.

Michael Losier a grandi dans un milieu ouvrier du New Brunswick au Canada. Étudiant en programmation neuro-linguistique (une technique visant à améliorer la psychologie et le comportement des êtres), M. Losier et quatre autres de ses camarades ont réalisé une série de manifestations annuelles sur la santé holistique qui connut un grand succès au début des années 90 à Victoria, en Colombie Britannique. Au milieu des années 90, M. Losier participa à des programmes de formation au coaching et devint en 1995 un praticien certifié en programmation neuro-linguistique. Il décida de ne plus travailler que quatre jours par semaine pour le gouvernement pour se consacrer le cinquième jour à une clientèle de particuliers.

En 1995, on lui présenta la Loi de l'Attraction. Ce qui le conduisit à découvrir comment il avait pu attirer du négatif dans sa vie. Michael Losier s'intéressa alors à l'Huna, (le système métaphysique hawaïen), au Feng Shui et d'autres sujets basés sur l'énergie. Il arriva à la conclusion qu'il fallait trouver une méthode facile d'enseignement de tous ces thèmes pour que les gens y soient réceptifs. « Ce devait être fait de façon conviviale », se souvient-il.

En 1996, Michael Losier entreprit d'instaurer une rencontre hebdomadaire avec un autre fervent de la Loi de l'Attraction. Elle se transforma rapidement en une réunion de 45 personnes tous les quinze jours. Il créa alors avec un partenaire commercial la société appelée

TeleClass international Inc. Les “TeleClass” sont des cours de formation interactifs faits en direct au téléphone, grâce à un système de téléconférence de haute technologie. Grâce à TeleClass, Michael Losier a pu toucher plus de 15 000 personnes par an.

Michael Losier est un homme passionné et engagé. Il est membre enseignant du Centre de Formation de La Loi de l’Attraction et forme les étudiants qui veulent devenir des praticiens certifiés de la Loi de l’Attraction.

Michael Losier enregistre pendant des centaines d’heures par an des émissions-débats à la TV ou à la radio en tant qu’invité. Il est également fréquemment porte-parole ou principal animateur dans des Centres de Vie positive, des centres spirituels, des entreprises, des sociétés et lors de conventions aux États-Unis, Canada et Mexique.

Lorsque Michael Losier agit, à sa manière, ce qu’il fait souvent pour diffuser le message de la Loi de l’Attraction, des millions de personnes finissent par utiliser sa puissante méthode pour améliorer leurs vies. Ce qui s’avère toujours être une voie de succès pour toutes les personnes concernées.

Lorsque Michael Losier n’enseigne pas, n’anime pas des ateliers ou n’est pas lui-même en train de se perfectionner, il aime partir en randonnées dans les vieilles forêts du Nord Ouest de la côte Pacifique ou prendre soin de son jardin à Victoria en Colombie Britannique, au Canada.

Atelier - Formation

Vous connaissez maintenant la formule en 3 étapes pour **vraiment** attirer plus ce que vous voulez et moins ce que vous ne voulez pas.

Si vous voulez un changement de cap rapide dans votre vie

Si vous avez un projet et un objectif précis et très important pour vous

Une formation-atelier spécifique de **3 heures est proposée**, permettant d'assimiler davantage les 3 étapes pour mieux en **maîtriser** le processus et vous aider à être encore plus efficace.

Vous recevrez

- **plus** d'astuces
- **plus** d'exemples
- **plus** de pratiques guidées

Pour plus d'informations, voici une liste de contacts.

Personne ressource reconnue pour diffusion internationale et enseignement de la méthode en langue française par Michael Losier :

Formation ProEnergie
Claude Provost
Conférencier, formateur et coach
223 Bordeleau, Magog - Québec
J1X 3W4
tél : (819) 868-9270
proenergie@5pillars.com
http://www.loidelattractionformation.com

Écoles reconnues et autorisées à enseigner cette méthode en français

Au Québec

Formation ProEnergie
Claude Provost
(Voir coordonnées ci-avant)

En Europe

Valoressens
BP 320
89005 AUXERRE (FR)
tél : 03 86 98 22 15
valoressens@orange.fr
www.formationakademis.eu

Valoressens propose aussi d'autres programmes d'entraînement et de maîtrise des techniques de croissance et d'accomplissement personnel pour devenir acteur de sa vie s'appuyant notamment sur la dynamique de l'Attraction.

Table des matières

Achevé d'imprimer sur les presses de l'Imprimerie Moderne de Bayeux
ZI, 7, rue de la Résistance, 14400 BAYEUX
Dépot légal : n° 27692 - 4ème trimestre 2008

Imprimé en France